王红霞 / 主编
王秀琴 / 副主编

教学相长
特殊教育需要学生与教师的故事

JIAOXUEXIANGZHANG
TESHUJIAOYUXUYAOXUESHENG YU JIAOSHI DE GUSHI

图书在版编目（CIP）数据

教学相长：特殊教育需要学生与教师的故事 / 王红霞主编. —北京：华夏出版社，2017.7（2025.1 重印）

ISBN 978-7-5080-9211-9

Ⅰ.①教… Ⅱ.①王… Ⅲ.①特殊教育－教工作 Ⅳ.①G76

中国版本图书馆 CIP 数据核字（2017）第 117427 号

教学相长：特殊教育需要学生与教师的故事

主　　编	王红霞
副 主 编	王秀琴
责任编辑	薛永洁　王一博
出版发行	华夏出版社
经　　销	新华书店
印　　装	三河市少明印务有限公司
版　　次	2017 年 7 月北京第 1 版 2025 年 1 月北京第 3 次印刷
开　　本	880×1230　1/32 开
印　　张	8.75
字　　数	159 千字
定　　价	39.00 元

华夏出版社　地址：北京市东直门外香河园北里 4 号　邮编：100028
网址：www.hxph.com.cn　电话：（010）64663331（转）
若发现本版图书有印装质量问题，请与我社营销中心联系调换。

序

融合教师是在融合教育背景下出现的新型教师角色，他们是在普通学校中为特殊教育需要学生提供教育教学服务的教师，包括特殊教育需要学生的班主任、任课教师和资源教师。我国随班就读安置雏形虽在20世纪50年代就已出现，但融合教育的真正兴起和广泛传播不过三十年。融合教师，面对特殊教育需要学生，究竟应该怎么做？我们时常在不同场合中听到他们疑惑的声音，看到他们焦虑的眼神。当然，我们也很欣喜地在一些学校中看到了温暖的画面，听到了和谐的声音，感受到了他们成功的喜悦。

对于学校中这样一批特殊学生，很多老师苦恼于难以理解并帮助他们。北京市海淀区特殊教育研究与指导中心历年来举办过多次教师培训，也经常走进学校进行巡回指导和教学研讨，目的就是帮助教师解惑。通过培训、指导和研讨，我们发现其中不乏出色的融合教师，他们乐于分享成功的经验和方法。在他们的努力下，孩子的进步有目共睹。

为了解决融合教育的实践瓶颈，我们特别需要他们来分享成功经验，树立优秀榜样，互相学习，共同进步。我们希望通过优秀案例故事的分享，能让更多的教师形成学习共同体，共同交流与反思融合教育实践中的经验方法，并带动区域融合教育质量的不断提高。为此，我们面向全区开展了"海淀区融合教师专业成长故事"征集活动，通过案例故事的形式分享先进经验，记录、保留融合教师与学生感动的瞬间和温暖的故事，也作为海淀区融合教师成长经历中的一份珍贵回忆。

当特殊教育需要学生进入普通班级中，通常会经历由被视为另类到被包容的发展过程，教师也会经历困惑、学习、探索到顺利应对的阶段。本书以"孩子，欢迎你"为开篇第一说，层层推进，至第十说"永恒的温馨"，共编入了十说故事。

第一说：孩子，欢迎你

第二说：孩子，我想更懂你

第三说：孩子，我需要更努力

第四说：孩子，拉住我的手

第五说：孩子，我不让你掉队

第六说：孩子，你别着急

第七说：孩子，你真棒

第八说：孩子，谢谢你

第九说：奔跑吧，老师

第十说：永恒的温馨

在每一说故事中，我们都能读出融合教师所表现出的爱与包容，体会到融合教师终身学习的精神，看到他们学以致用的勇气，感受到他们机智灵活的教育智慧！希望我们的融合教师能带着爱与包容、方法与技术、勇气与智慧，迎接不一样的学生，谱写辉煌的人生！

王红霞

2017年6月　北京海淀

目 录

第一说 孩子，欢迎你

润物细无声——特别的爱给"特别"的你……3
心中植有爱心树——为一个六岁的孩童点赞……7
永葆一颗善良之心……13
你我相爱同行……17
用爱打开他的心扉……20

第二说 孩子，我想更懂你

我想更懂你……27
无法言说的"爱"……31
小苗成长不容易……35
爱的歌声在心灵飞扬——与天才小音乐家默默的故事……40
小松树长高了……44
模特管理员的故事……47
用爱开启特殊学生心扉，让爱流淌心间……51

第三说 孩子，我需要更努力

资源教师专业成长故事……59

我和我的孩子们……………………………………………62
在融合教育中成长…………………………………………65
融合　成长　静待花开——CNABA 学习随笔…………69
我们一起成长………………………………………………73
一次新（心）的思考………………………………………76
一间有温度的教室——我与资源教室的缘分……………79
和她一起感受成长的快乐…………………………………82

第四说　孩子，拉住我的手

爱与坚持，让我与孩子共成长……………………………87
成长着　收获着……………………………………………90
特别的孩子需要特别的爱…………………………………93
让随班就读学生在关爱中健康成长………………………97
"多面男孩"………………………………………………101
未见其人　先闻其名……………………………………103

第五说　孩子，我不让你掉队

"一个都不能少"——西二旗小学特殊教育侧记………113
不能少了"您"的爱……………………………………117
绘本剧背后的故事………………………………………121
伴随着爱　走进他的世界………………………………124

让折翼的天使插上翅膀 128
用专业的心做助人的事儿 131
为孤独症儿童打开一扇通向世界的窗户 135

第六说 孩子，你别着急

孩子，你慢慢来 141
用爱心滋润孩子的心灵——我与来自星星的孩子 144
静待花开，微笑期待 147
牵着我的小蜗牛慢慢前行 150
关珊说话了 154

第七说 孩子，你真棒

"雄鹰"从这里起飞 159
发现闪光点　推进普特融合 163
从不会写到写得一手好字 166
向阳树的故事 169
夸赞——不断进取的动力 174
悦纳自己　悦纳孩子 177

第八说 孩子，谢谢你

感动我的"小石头" 183
糖糖开花 185

心常常因细腻而伟大 188
一块绿豆糕 191

第九说　奔跑吧，老师

听到噪音，请别怕 197
分析行为背后的功能，使用正确的策略回应 201
托起他的手去点亮那盏灯 204
行为分析在课堂教学中的应用 209
照片背后的故事 216
音乐课上的"小插曲" 227
浅谈提高随班就读学生数学学习能力的策略 231

第十说　永恒的温馨

我和她的故事 237
一片树叶的约定 247
佳佳成长记 251
寓教于乐　育爱于心——政治课里的融合教育 256
用心融化寒冰，用爱温暖心田 260
陪伴和辅导她的日子 263
我和初一新生霍元的音乐故事 266

后记 268

第一说
孩子，欢迎你

有人说："孩子的心是一块神奇的土地，播上思想的种子，就会有行动的收获；播上习惯的种子，就会有品德的收获；播上爱的种子，就会生根、发芽，收获爱的果实。"在一个班集体中，教师和学生都是种子的播撒者，是爱的传递者，教师爱她的特殊孩子，潜移默化地影响着其他孩子也爱特殊孩子。爱就像种子，一颗一颗种入孩子们的心田，直至长成参天大树。爱能传递，爱会传染，爱也可以渗透。

润物细无声
——特别的爱给"特别"的你

苏霍姆林斯基曾说过:"教育技巧的全部奥秘就在于如何爱护学生。""爱"是教育中的重要因素,它是一种发自内心的热情,是教师教育学生的前提,也是教师的一种教学艺术和能力。古今中外的许多教育家都把热爱学生看作是教师最基本的美德。

对于那些乖巧懂事、成绩优异的学生,我们常常愿意甚至不自觉地在他们的身上倾注爱;而那些调皮捣蛋、学习又不怎么样的学生,常常让老师们头疼不已,更别说是爱他们了。其实这也是人之常情,然而恰恰是那些"特别"的学生需要教师们倾注更多的爱。

注意力缺陷多动障碍(ADHD),在我国被称为"多动症",是儿童期常见的一类心理障碍,表现为与年龄和发育水平不相称的注意力不集中和注意时间短暂、活动过度和冲动,常伴有学习困难、品行障碍和适应不良等特征。小冉(化名)就是这样的一个孩子,诊断结果表明孩子不能正常上课。吃药后她的异常行为表现减弱，但家长考虑到药物的副作用，经常偷偷不让孩子吃药。课上她经常是想说就说，大吼大叫，随意走动，招惹其他同学。而只要有些许的不顺心，如想做与课上无关的事却被老师禁止时，她就会立刻夺门而出，嘴里边大声喊着："我再也不回来啦！"课间别的同学在一起玩，她想参与，有时候人家不愿意，她便会躺在地上大哭大闹、打滚。此时，任谁来都不行，安慰也没有用，选择忽视的话她更是会追着老师哭闹，说别的孩子欺负她。周一升国旗或是学校有其他集会的时候，只要是有些许看不清，她便会立刻冲上台，老师制止，又会和老师玩起躲猫猫。考试的时候，只要遇到困难，她就一定要让老师告诉答案，如果不告诉就会哭闹，甚至会撕掉考卷，影响其他同学。

作为一名青年教师，在工作的第二年就遇到如此"特别"的学生，的确让我手足无措。首先我找到家长进行沟通，了解到孩子是早产儿，出生时才两斤多，家里的经济状况也不太好。对于这样一个又可爱又可"恨"的孩子，我心里更多的是心疼，也想给予她更多的关爱。

走进多动症孩子，用爱筑起沟通的桥梁

多动症儿童往往会存在一些心理障碍，因此人际交往能力

较差，可能会形成自顾自玩的孤僻心理，或是想和其他同学玩却不知道如何正确表达，也可能会导致其他学生不爱与其亲近。而作为老师，我们更应该主动去接近孩子，了解孩子，让她知道自己并不是一个人，老师是理解她的，是懂得她的。比如在课外的时候，我会经常与孩子说说话，在她有良好表现的时候给予大力表扬和鼓励，有了点滴的进步都会在全班进行表扬，经常给予孩子关爱的眼神，或用手充满怜爱地摸摸她的头等。小冉似乎渐渐地感觉到我对她的爱，慢慢地打开心扉，主动和我沟通并说出自己的想法和心情。

引导班上其他同学，营造一个温馨的班集体

学生在学校交际最广的是自己的同班同学，同学情谊也是一个人成长成才中重要的一部分，而且小学的情谊是很单纯的。因此，我常常利用班队会时间对班级学生进行思想教育，教导他们不要有歧视等想法；同时也以身作则，培养学生团结互助的友爱精神，在小冉出现吵闹时正确引导孩子们，让她感受到这个班集体的温馨，从而慢慢消除她的冲动等异常行为。慢慢地，班里孩子对小冉更加宽容了，对她的关爱也更多了。课下甚至会有学生找到我，跟我说："我觉得其实小冉也挺可爱的。"在有爱的班集体，小冉急躁的情绪也慢慢缓解了，遇

到问题也能够首先找到我,不再直接躺在地上哭闹。

近代教育家夏丏尊说过:"教育若没有热情,没有爱,如同池塘没有水。没有水就不成其为池塘,没有爱就没有教育。"高尚纯洁的师爱易引起学生心灵的强烈共鸣,从而取得良好的教育结果。有了热爱学生的思想,教师就会自觉尊重学生,建立起民主平等亲密的新型师生关系,从而更好地完成艰巨复杂的教育任务。教师的爱如同春雨,润物细无声,但也正因为这绵绵春雨,让"特殊"的学生不再那么"特殊"。让我们把特殊的爱给予"特殊"的学生,让他们更加茁壮地成长。

(北京邮电大学附属小学　梁欣)

心中植有爱心树
——为一个六岁的孩童点赞

爱，深深埋藏在每个人的心中。不管是无私还是自私，不管是热情还是冷酷，更不管是年幼还是年老，每个人心中都有爱的根源，只是不知道什么时候生根发芽。正是因为有爱，才使人觉得这个世界是温暖的，才会更有生机和活力。在我的班上，就有这样一位心中植有爱心树的孩子，小小年纪，却始终坚持关爱每一个同班同学。

他就是小航（化名）。一年级刚入学时，我觉得他并不起眼，只是在轮流喊队的环节中，其他人不是声音小，就是喊口令不及时，被纷纷淘汰，最后只觉得他还算称职，就留下来"以观后效"。他干事麻利，动作快，集合时总是第一时间站在队伍前面，慢慢这个任务就交给他了。

班里有一个全校有名的"自由生"——大成（化名）。大成因为早产三个月等多种原因导致自我约束力极差，喜欢我行我素，不受他人约束。他上学不进自己班而是到别的班溜达；不是自己不知道上厕所从而尿裤子，就是借口上厕所跑到操场上玩耍。即使身在教室，他也跟逛超市似的到处溜达，看看这家的尺子，看看那家的笔袋，甚至霸占别人家的位置，让别人"无家可归"。兴奋了，他就到讲台敲一通桌板，给有序的教学蒙上无序的阴影。

他的父母在开学第二天就和我长谈了一次，这孩子因为出生体重太轻，在暖箱里独自待了三个月。种种原因导致他过分的自我，没有约束能力，不会与人交往，生活不能自理。新生儿没有妈妈的怀抱、亲吻，没有妈妈的乳汁，孩子缺乏安全感，会对以后的性格形成有很大的影响。我的孩子也在保温箱里待过一个月，为了弥补这一个月的母爱缺失所造成的心理影响，他曾经三年不间断地进行系统的感统训练。他父母恳请学校、老师的理解和帮助，希望能让他独立上学，最好不要陪读。我懂得做父母的心，也懂得一旦请家长陪读，就再也没有退路了。我也想通过努力给这个特殊孩子和这个不幸的家庭最大的帮助。所以，我决定先挑起这个担子，没有去试，怎知不成？

开始，其他学生看到大成的表现会笑，这里有嘲笑、有哄笑。我给他们讲大成的不易，讲他父母的艰辛，对于这样的同学，我们应该尽可能地多去关爱他、照顾他、教导他、帮助他。虽然新入学的学生都需要关爱，需要不厌其烦地教他们做这干那，但我还是把更多的精力用来关注大成。他进教室后，我提醒他的第一件事是脱大衣，第二件事是找书包（书包随处乱扔）。他坐到座位上，我赶快提醒他把课本、文具拿出来。一下课，我就提醒他喝水，他习惯了就顽皮地自己喊一二三。午餐时间到了，我提醒他拿碗去盛饭，哄着喂他把饭吃完。总之，于他而言，与其说我是老师，更不如说我是妈妈。

大成最喜欢自由地跑、到处看，每次上课后都是我从教学楼外面把他找回来。后来，这样的局面悄然改变了，因为只要大成出去，小航就一定会拉着大成提前回到教室。他会把大成拉到我面前，告诉我大成回来上课了，不用我再到外面去找了。我感激地夸奖小航，谢谢他对大成的关心和对老师的帮助，并在班级里表扬小航人小却懂得关心别人。最近，大成玩心重了，学会反抗了，经常会对小航和其他拉他的同学拳脚相加。我跟孩子们说，你们为他好，但是他不懂，还打你们，你们要学会保护自己，不能让他伤到你们。但小航不管怎样还是一定要把他拉回来，小航的眼睛好像天天盯在大成身上，有时大成偷跑出去，小航就会主动请缨："老师，大成在外面，我去把他拉回来吧？"天冷了，大成好像感觉不到冷，不管我怎么说，还是一有机会就往外跑，有时"抓"回来还跑。有一次，连我都没有耐性了，想给大成点教训，就说："别管他了，让他在外边玩吧！"可是小航却执着地说："今天冷，他没穿大衣。"我真的是心头一暖，赶紧改口："那你去吧。"他自己都没顾上穿外套就跑出去了。这件事给我触动很大，这是一个年仅6岁的独生子，竟然能想到别人的冷暖，竟然能坚持几个月一直关心这个跟他一点都不相干的人。我不禁检讨自己，跟这个小孩子比起来，我平时对大成是不是还不够耐心呢？

大成在队伍里是自由人，没有固定的位置，一会儿在前边，一会儿就到了最后，可气的是有时竟然站到全校最前面的空地去"表演"，还很自我陶醉。这时，我就把他拉回来，安排他站在队伍的最后边，他再怎么手舞足蹈，也只是极少数人能看到。有时他还会跑到前边去，被身为队长的小航拦住，拖着他送到我手里。

对大成灵验的一句话就是："你要是乖，就让妈妈准时接你回家。"他就会坐回座位，一个劲地唠叨："×××点了，该回家了。"但是当真到点要回家了，他就急了，因为书总不听话，就是不进书包；衣服总跟他捣乱，就是穿不上。最初放学的时候总是我捉住他，和他一起收拾书包再给他背上，硬拉着去见家长。慢慢地，拉大成的手换成了小航的手，小航忙着喊队，还带着小尾巴。天气渐凉，大成妈妈说不管怎么教，就是教不会他穿衣服。我教他把大衣帽子戴上，再跟哄小孩子似的，念叨着"钻洞洞"，看着他穿上两只袖子。一次我忙着干别的，却发现小航来帮大成穿外套了，小航拉着他去后柜拿外套，教他钻一只袖子再钻另一只，但是拉拉锁始终教不会。最初小航总把大成的书包背在自己身上，这么小的身子，怎么能忍心让他承受这么沉的重量？我命令小航必须让大成自己背书包，不能这么溺爱这个小弟弟。有时小航喊队顾不上大成，大成就跟衣服较劲，两手使劲撕扯衣服，发狠地尖叫着往我身上撞，不等我动手，其他孩子就会赶紧帮他穿好衣服，拉上拉链。

大成不知道上厕所，我问他有没有尿尿，他从来不理我。他一周得尿两三回裤子，我给他换裤子，他从来不知道配合，我必须一边动手一边发出命令，才能帮他把裤子换完。小航看在眼里记在心上，只要自己去厕所，就会拉着大成一起去。偶尔大成还是会贪玩尿裤子，小航就会拉着他来找我换裤子。我时常想，小航的父母是怎么教育出这样心存善念的孩子的，竟然能够这么用心地去关心另一个人。

大成对午饭没有太大兴趣，不会自己吃饭，就连端碗也是到学校才开始学习的。他的咀嚼能力特别差，吃一口饭要催他好几次，嚼、快嚼。如果不管他，他会一个饭粒都不动，怎么盛的饭怎么倒掉，我们三位看班老师轮流给他喂饭。一次，学生分饭，我忙着批改作业，嘴催着大成："你快自己吃吧，你看老师这么忙，真的没时间喂你了。"反复说了几遍，也不见大成有动作。等我再一次抬头时，小航正端着碗，慢慢地把一小口饭菜小心地送入大成的口中。这个家中娇生惯养的孩子，竟然不出去玩，而是拿起饭勺小心翼翼地给同伴喂饭，这在同龄孩子中恐怕连想都没有想过的，他却做到了！涌动在我心中的是作为一位母亲对他此举的深深的感谢！如果大成的母亲看到这一幕会是多么感动。

有时我问小航，你这样照顾大成，耽误了你很多时间，你不累吗？他会歪着嘴一笑："没有呀！"在小航的带动下，其他孩子的爱心被悄然唤醒，爱心树在幼小的心灵里慢慢生长，关心照顾大成的孩子变多了，有时会把大成围起来，大成不明白，就会挥手去打他们。我赶紧引导他们分工合作，让他们自己选择，把课间活动、上厕所、吃饭、放学各个阶段都负责好。榜样的力量是多么大呀！

不只是农村的留守儿童能干，我们城市的孩子也一样很棒。只要心中有爱，只要愿意付出，大人们能做的事，小孩子也一样能做到！小航对他人的爱是自然流露，照顾他人已成为一种习惯。心中植有爱心树的人，品德高尚，就像一棵参天大树，需要你去仰视！

我们都热爱这个友爱温馨的集体，我们用心去滋润爱心树，让它和我们一起越长越壮。

（海淀区西苑小学　闫倩）

永葆一颗善良之心

小罗（化名），他高高的，瘦瘦的，头很小，待人热情，特别喜欢帮助别人。和他一接触，你就会被他的热情所感染，你会觉得把事交给他很放心，一切都没问题。慢慢地，接触时间长了，你就会发现他是一个不一样的孩子。他不知道学习，不会学习，身处在初一年级，但他的学习程度只相当于小学一年级的水平。他不会十以内加减，大部分字都不认识，更别说英语了。

这样不一样的孩子自然是大家欺负的对象。开学的第三个星期，他妈妈给我打电话，问我学校食堂的饭菜贵不贵，孩子刚开学时饭卡充了两百元，这星期又充了一百元，怎么就又没钱了，又回家要钱？放下电话，我找了与他同桌吃饭的孩子问了问，他们告诉我，班里有几个孩子要小罗买饮料、买吃的。听完我就明白了，因为他热情，对别人的要求从来不拒绝，别人要他买什么他就买什么。那几个孩子知道他的弱点，欺负他不会算数，自然经常去找他要钱买东西。这几个孩子喜欢占小便宜，长此以往，会对他们的成长极其不利。尽管小罗智力方面有点问题，但也不应该成为被欺负的对象，更应该受到大家的爱护呀！作为班主任，我是不是应该教育那几个孩子，并且引导孩子们创造一个温馨友善的班集体呢？

想到这儿，我马上找到了那几个孩子，孩子们承认了要小罗买东西的事。我想，此时责问没有多大意义，而是应该让孩子们认识到自己的错误并且改正。我轻轻地说："每个人都有自己的爸妈，爸妈抚养你，给你生活费，是不是不能花别人的钱？小罗是一个很特殊的孩子，他与你们有些不一样，来到了我们班就是缘分，你们是不是更应该要照顾他、关心他、帮助他？你们应该做善良的孩子！"孩子们点点头，回到班就把钱退给了小罗。回到教室里，我在想：为了杜绝类似的事情，我应该让其他孩子也明白该怎样对待他。我找了一个借口让小罗离开了教室，然后问大家："你们觉得小罗怎么样？"孩子们相视一笑，有人露出不屑的神情。见此，我笑着说，"小罗这个孩子，谁能说说他的优点呀！"有孩子站起来了，"他特别热情，特别愿意帮忙！""他集体荣誉感强！""他给整个班的同学印课表！""他还主动给班会印制感恩卡片！""他自己从家里带球给同学玩！"大家七嘴八舌，不一会就说出了他很多优点。看到热闹的场景，我又接着说："人无完人，他有他的问题和缺点，你们也看见了，他是个很特殊的孩子，我们应该怎么待他？""关心他、照顾他！""帮助他！""不欺负他！""不歧视他，带他玩！""不让别人欺负他！""有人欺负他，告诉老师！"我笑笑，对所有的孩子说："其实最重要的一点，你们要包容他，不管他做错了什么，你们都要慢慢教他。如果有问题解决不了，一定要告诉我！"孩子们纷纷点头。下课后，几个女孩找到我说，小罗喜欢开大家的玩笑，扯女生的头发。听此，我沉思片刻，然后说："他开这样的玩笑不对，我会找他谈。他为什么扯你们的头发呢，是不是他找你们玩，你们没搭理他？"几个女生的脸红了，我明白我说对了，继而说："那这样行不行？他需要朋友，他找你们玩，你们跟他玩。如果有问题你们能自己解决最好，如果解决不了，我来！"

放学后，我悄悄地把小罗叫到了办公室："别人让你买东西你就买，钱花完了吧？花完了怎么办呀？"小罗低下了头。"家长给你的钱只能给自己花，想交朋友可以多帮助别人，不能别人叫你买什么你就买什么！跟女生打交道时一定要注意不能扯头发，想跟她们玩，你不能瞎开玩笑，可以温柔点说。你动手别人会反感的，反而不喜欢你，那么你怎么能交到朋友呢？"小罗点点头，问："如果她们不理我怎么办？""我跟她们谈好了，会理你的，但你一定要注意，不管什么事，你都不能乱发脾气、砸桌子、打人，这样会把她们吓走的！有什么事情，如果自己处理不好，就来找我，我帮你解决！"小罗喜滋滋地走了，看他的神情，我想他也许能明白一些。他需要融入班集体，需要慢慢地成长，尽管他有些特殊，但他毕竟也要进入社会，自己独立去面对一切，那就让他在挫折中慢慢地长大！

一个学期了，小罗和班里的孩子或多或少有着矛盾和磕磕绊绊。但是慢慢地，一年下来竟也相安无事了。当老师需要孩子帮忙时，小罗把手举得高高的，他总冲在前头；放学了，他会主动把黑板擦干净，把墩布涮干净……他用自己的方式融入集体。班里的孩子们也接受了小罗，有人领着他排队买饭，有人陪着他打篮球……当其他班的孩子找小罗要钱时，总有人第一时间告诉我。

上帝为你关了一扇门，总会为你打开一扇窗。没错，小罗是个特殊的孩子，上帝没给他一个正常的智力，但给了他一颗火热善良的心。他来到了这个世界，就应该有生存的权利，就应该有得到爱的权利。每个人都应该永葆一颗善良之心，给这样的孩子更多的包容和理解。社会更应该接纳这样的孩子，让他们也能够幸福快乐地成长。

（北京市第十九中学　黄晓平）

你我相爱同行

小蕊（化名），第一次见到她，我惊诧于她肤色的苍白，白得让人感觉她好像有严重贫血，黄黄的头发凌乱地散落在头上，给她安排好座位后我没敢和她有更多的交流。经过几天的暗中观察，我发现她的智力明显低于普通孩子。她从不和其他同学一起玩，也从不和同学主动交流，但是能通过简单的书写进行感情沟通和思想交流。

新生军训时，我挑了两个热心的女生照顾小蕊。整个军训期间，她们把小蕊照顾得非常好。无论是打水还是叠被子，还是紧急集合，这两个女生像大姐姐一样把小蕊的生活起居照顾得井井有条，其中一个甚至帮助小蕊清洗了特殊时期的裤子，让我感动得落泪。她们是十二三岁的独生子女，在父母身边可能什么也没做过，但是却能担起如此重任。这促使我下定决心，要以这两个孩子为榜样，尽自己最大的努力，为小蕊这个特殊的孩子营造一个温馨的班集体，让小蕊幸福快乐地度过她的初中生活。

军训期间，每次去女生宿舍，我都是先去看看小蕊，轻轻地揽着她的肩膀，问问她有没有困难需要我帮忙。为避免小蕊的家长担心孩子的情况，我坚持每天晚上发一个短信给她的家长报平安。回到学校后，我更是从各方面关心她。有一次，学校组织春游活动，我没有让家长接她回去，而是一整天一直和她手拉着手，悉心照顾。在拓展活动中，小蕊不敢参加较危险的项目，我鼓励她，并坚持和她一起完成。小蕊虽然很累但很开心，而我虽然比别的老师更累，但感觉这一切都是值得的，因为孩子度过了难忘的一天。

我对小蕊的一言一行在班级中起着潜移默化的作用。在做踏板操时总是有人主动帮助小蕊拿踏板，还从不邀功，就像拿自己的一样。遇到有难度的问题时，老师有时总要问问有几个学生会做，小蕊总是高高地把手举起来，兴奋地向老师示意。虽然明知道她不可能做出来，但班里的孩子没有一个人讥笑她，有时只是善意地一笑。红五月歌咏比赛，我向大家征求意见是否让小蕊参加，大家一致认为无论班级能不能获奖，小蕊都应该参加。我被孩子们的善良感动着，从排练到最后穿着漂亮的连衣裙正式上场比赛，小蕊脸上一直挂着快乐的微笑。8字跳绳活动，小蕊高兴地排在队伍中，虽然她根本跳不过去，跳绳到她那里总是要停一下，但是没人不让她跳，而是不厌其烦地热心地给她示范。虽然小蕊最终也没学会跳绳，但她却收获了快乐。这些集体活动为培养班里普通学生的同情心、爱心提供了良好的教育平台。

每当我因为别的孩子淘气或者不写作业而生气时,小蕊总会悄悄地给我写一段文字,告诉我不要因为他们生气,她爱我,她喜欢和我在一起,她愿意做我的宝贝。每当这时,我总是告诉她:"宝贝,我也爱你!"看着小蕊一天比一天快乐,我真想让时间能永远停留在这一刻,让小蕊永远留在这个温暖的集体中,让她永远快快乐乐地生活着。

(首都师范大学附属中学第一分校　周丽)

用爱打开他的心扉

在我这届所带的班上有一个特殊的孩子,名叫伟伟(化名)。至今我还清晰地记得,在学校组织的初一新生军营社会实践活动的前一天晚上,我突然接到伟伟家长的短信,说孩子生病了,不能参加军营实践活动。开学的第一天我见到了伟伟,觉得他有点特殊,很胆怯,不与任何人交流;中午吃饭的时候,发现他不会自己打饭。我及时与家长进行了沟通,家长说,孩子的智力发育迟缓,属于晚熟的孩子。在他读小学的时候,如果有集体活动,他们都会主动把孩子接走,为的是不影响班级的荣誉。其他的情况,家长不愿意进行更深入地交流。

接下来,我对伟伟进行了细致的观察,并与学校的心理老师取得了联系,我们初步判断,孩子有孤独症倾向。依据伟伟的实际情况,我与任课老师、心理老师制订了个别化教育计划,对孩子进行有针对性的训练和教育。

创造安全、和谐、有序的班级氛围

在孩子们青春成长的路途中,作为一个班主任,我尝试用信仰作主线,用班级文化课程创造安全、和谐、有序的班级成长氛围,引领他们健康地成长。初一我一共设计了三个班级文化建设课程:第一课,军营社会实践,"学会遵守,赢得尊重",让孩子们懂得团结和友谊的含义;第二课,"让优秀成为一种习惯",让他们对班级的认识和理解更加深入,懂得班级就是自己的家,大家要相互包容、呵护;第三课,"做极致的自己,成就极致的班集体",班级学习是一个彼此熟悉、彼此磨合、共同奋斗的过程。通过这样的课程,班级凝聚力越来越强,孩子们更加友善。班级同学分组分时间段地帮助伟伟,从开始帮他打饭,到后来教会他打饭;上课教他记笔记并带他发言;伟伟原来从不参加集体活动,同学就手牵手带他去参加力所能及的活动。孩子渐渐地在班里有了朋友,慢慢地能与同组的伙伴进行交流。

进行心理辅导和智力开发

学校的心理老师针对伟伟的实际情况,专门为他开设了心理课程，并利用学校的心理教学设备对他进行专门的训练，与他进行沟通交流，支持、鼓励、接纳并安抚他，现在他愿意与心理老师进行交流并表达自己的观点和想法。

与家长进行合作教育

我定期与家长通过微信或面对面的方式就孩子某一时段的情况进行交流，并告诉家长学校、班级和心理老师对孩子进行的相关教育内容。家长也在家里积极地配合，比如会经常带孩子接触社会，走进大自然，开阔孩子的视野；发现孩子能读书，就坚持让孩子读书，从绘本到较简单的书籍逐渐提升。

孩子现在爱上班级、老师和同学，也慢慢地与同伴交流，渐渐地告诉老师他的一些想法。

我的反思

随着教育的发展，特殊孩子开始走进普通学校，在普通孩子群体中学习和生活，但是对他们的教育和训练需要多方的支持与合作。需要具有特教理论和实践经验的老师进行专业指导，需要班主任、任课老师、家长和学生进行沟通与交流，为特殊孩子制订切实可行的教育计划。否则，就可能违背了让特殊孩子在普通学校生活和学习的初衷。

此外,要善于发现特殊孩子的兴趣和爱好,找到他生活中的闪光点,用爱心打开孩子的心扉,让他慢慢融入集体生活,感受到老师、班级对他的爱。

(海淀区教师进修实验学校　翟雪莲)

第二说
孩子，我想更懂你

教师在遇到学生搞破坏的时候，在遇到"问题学生"不听指令的时候，脑中闪过的第一个念头就是"熊孩子"不听话，免不了批评一顿。可是有时候，批评孩子远不及坐下来好好沟通来得有效。通过交流的形式能得到孩子的真实想法，并启发孩子反思在事件中的错误。对于特殊教育需要学生，换一种教育方式更能触及他们的内心，更容易被他们所接受。教师们应该让沟通成为教导学生的一部分，从下面的几个小故事中不难看出，沟通拉近师生距离，老师懂得学生的所思所想，学生也在教育中成长。

我想更懂你

2014年9月，我新接手了三（3）班。这是一个全校闻名的班级，因为这个班里有一个非常特殊的学生——源源（化名）。

在开学的第一天，我便领略了源源的与众不同。早晨到校，班里的同学都主动跟我打招呼，并按照老师的要求把暑假作业交上来，源源却在我的再三提醒下无动于衷。开学典礼上，源源在校长讲话时发出尖叫扰乱会场，对班主任的批评教育却充耳不闻。开学典礼结束后，大家都拿着小椅子回到班里，他却不进教室，在操场上到处溜达，并踢坏了学校为迎接开学新买的盆景。

放学后，我把源源的家长留下来沟通。原来因为父母都要到外地工作，源源从出生后就由姥姥、姥爷抚养长大。源源从小体弱，又没有父母的关爱，隔辈人觉得亏欠孩子太多，所以很多事都顺着源源，这使得他从小被惯出了很多怪毛病。他上幼儿园适应不了集体生活，经常请假。上小学了，不得不过集体生活，但他也极其不适应学校有规则、有秩序的生活，经常与同学发生冲突，损坏公共财物，扰乱课堂秩序，不把老师放在眼里。最关键的是老师和同学找他谈话，他向来都是大吼大叫，根本无法沟通。对于源源的情况，家长也特别发愁。

作为源源的班主任，我尝试运用心理投射法与他交流。我发现，他的内心深处有着很强的自我意识，希望每个人都按照他的想法去做。他要求老师处理问题绝对公平，不能忽视他的存在，尤其是当他出错时，大家都不能嘲笑他。我多次请教心理医生，并查阅心理学书籍，发现他的行为属于品行障碍的一种，其基本特征为心理不健全，为人偏执，遇事不能冷静思考，易冲动，有极强的逆反心理。

对于这样的孩子，要想改变他，先要能够与他进行沟通。为了解决这个问题，我查阅了大量的书籍和资料，最后发现了一本由国际著名亲子沟通专家阿黛尔·法伯和伊莱恩·玛兹丽施写的书——《如何说孩子才肯听，怎么听孩子才肯说》。通过阅读这本书，我发现要想与孩子进行有效的沟通，首先要接受孩子的感受。当孩子的感受被接纳了，他才能集中精力改变自己的情绪。

于是我尝试运用书中介绍的一些沟通技巧与源源进行交流，改变自己对他的态度。每次源源与同学或老师发生冲突，我都会静下心来全神贯注地倾听，用"哦……""嗯……""这样啊……"这样的语言来回应他的感受，并换位思考，说出他内心的感受和想法。

记得有一次，班里的学生在上完科学课后快速跑到教室来告诉我，说源源不听科学老师的要求，上课趁老师写板书的时候喝了半杯老师给大家做实验用的稀释过的高锰酸钾。我当时听完后，又担心又生气，担心的是源源喝完高锰酸钾是否会影响身体的健康，生气的是源源这种不听老师教导、我行我素的行为。当时，我马上打电话给在医院工作的学生家长，咨询了一下少量饮用稀释后的高锰酸钾对人体是否有影响，被告知并无大碍。

不一会儿，源源慢悠悠地走进了教室。我没有主动去询问他刚才科学课的事，而是在讲台前准备下节语文课要用的教具。源源却主动走到了我的跟前，对我说："马老师，您懂科学吗？"

我假装好奇又谦虚地说："噢！科学太深奥，我不太懂！"

源源接着问我："您知道高锰酸钾吗？"

我回应道："不太知道，是一种消毒液吗？"

源源马上急迫地问我："您知道高锰酸钾有毒吗？"

我不紧不慢地回答："这个我也不太清楚，好像有吧！"

他的表情变得紧张起来，立刻接着问我："啊？那喝了能死吗？"

我回应道："你喝了多少？"

他接着说："大概50毫升吧？"

我认真地对他说："那应该没事吧！不过你应该多喝点水！"

他的脸上马上露出了一种坏笑，对我说："那要喝5吨呢？"

我装作十分惊讶，回答道："那我可不知道！"

源源咧开嘴，得意地大笑起来，对我说："我知道，那肯定死了，如果喝5吨毒不死，也得撑死！"

我也跟着他笑了，并向他竖起了大拇指："是啊！你真是太聪明了！"

这件事就在我俩这样的对话中过去了，我发现他回到自己的座位上后喝了一大杯水，这说明我的话他是听进去了。

就这样，一年又一年，我和源源进行着一次又一次这样的对话，他一次又一次地贫着嘴，我一次又一次地陪着他。如今他变了，性情平和了许多，慢慢能够跟老师和同学进行交流了。上课他不再随意说话扰乱课堂，课间与同学发生冲突时，也不会大打出手而是来找我进行交流，他能够接受老师的建议并去慢慢改变自己。

看到源源的转变，我特别欣慰。十几年的班主任经历，使我面对性格各异、特点不同的学生时，能够像保护叶子上的露珠一样，关爱每一个生命个体的成长。我坚信，每个孩子都是可以教育的，只要我们努力去做他们的知心老师，接近他们，给他们理解和尊重，充分挖掘他们的潜能，就能够促进他们的成长和发展。因为，我相信所有的孩子都会开出美丽的花朵！

（海淀区西苑小学　马青翠）

无法言说的"爱"

"张老师,您班李米(化名)太过分了!"

中午休息的时候,一名女生带着哭腔跑到我的办公室,后面还跟来两个女生。我抬头一看,原来是一班的女生,还没等我开口询问情况,跟来的女生就叽叽喳喳地说开了。

原来,中午这几名女生吃过饭,回班的路上经过我班门口,正好遇到出门打水的李米,李米就对其中的小常说:"谁让你到我班门口的?谁让你从我们班门口走的?"几个女孩子见到这种情况就和他理论起来,然后双方越说越激烈。最后,几名女生挨不住面子就想走,但李米还是不依不饶地追着人家骂,女孩们实在气不过就来找我评理了。

听了她们的叙述,我简直一头雾水。作为随班就读学生的李米,智力有一定障碍,平时虽语言表达有一定困难,但和同学们相处还比较和睦,很少出现主动骂人的现象。今天这是怎么回事?我一边心里嘀咕着,一边安慰几名女生:"你们先不要生气啦,我想李米的情况你们多少也清楚一点,就不要和他计较了,我回头会找他好好聊聊。"等几名女生走后,我悄悄把李米叫到办公室,想和他坐下来聊聊。

多年的班主任工作经历让我养成了一个习惯:无论遇到多么糟糕的事情,一定先让自己冷静,多听学生的想法,与学生一起寻找解决问题的办法。批评学生一顿?这样只能使学生更加惧怕承认错误,特别是李米这样需要特殊呵护的学生,更是使不得。对了,我还是先听听李米怎么说吧。可是这个想法遇到了困难,对于这件事李米并没有说什么,我也没有逼他。我猜测他可能是想找机会和漂亮女生说话,但是又不会正确地交流和表达,我只能从男女生交往的角度告诉他:一定要学会尊重女生,和女生交流时要注意语言文明、态度亲和、举止适当,如果遇到任何问题要及时和老师交流,不要和他人发生冲突。

直到几天后的中午,李米急匆匆地推开我办公室的门,站在我面前欲言又止。

"李米,发生什么事了吗?"我马上问道。

他悄悄地用手捂住嘴巴,趴到我耳边轻声说:"老师,我可能是楼下说的情况。"

"什么情况?"我抬头看向他,疑惑地问道。

他又悄声说道:"就是楼下展板上说的青春期恋爱的心理。"

没想到李米虽然智力有一定的障碍,心理成长速度却没有受到影响,竟然开始关注异性并有了喜欢的对象。难怪之前他会与一班女生发生莫名其妙的冲突，很可能就是他喜欢对方，却又不知道该怎么和心仪的女孩说话。由于他情况特殊，我也不知道怎么说才能帮他理解这个问题，思来想去，我还是选择了一种既适合他又简单的办法，那就是送给他一首小诗，让他自己慢慢琢磨其中的深意。

我首先表扬他遇到问题能主动与老师交流，同时告诉他：喜欢一个人可以默默地关注她，站在远处欣赏她，这种距离产生的美不是更好么？如果想与喜欢的人接触，要选择她能够接受的方式才可以。同时，我将汪国真所写的小诗《不，不要说》送给他。

不，不要说，
让我们依然保持沉默，
我多么珍惜这天真的羞涩，
你也应保持那青春的活泼。
我们的肩膀，
都还稚嫩，
扛不起太多的责任。
等一等吧，
等你的肩膀更厚实些，
我也懂得了，

什么是成熟的思索。

拿着这首小诗,李米若有所思地踱出了门。

遇到青春期的随班就读学生,该怎么引导和帮助,是我需要好好思考和琢磨的问题。

(中国农业大学附属中学　张伶伶)

小苗成长不容易

2016年12月18日的一个课间,小阳(化名)跑到班里主动找到我说:"王老师,我把小佳(化名)打了。"也许,您会觉得这人都打了,还好意思来说呢?而我却感到万分的欣慰!

思绪不由飘到了一年前。也是在一个课间,班里的小李同学哭着找到我,哽咽地说:"王、王老师,小阳,打我。我没招他。"我立马找来小阳,问他:"是你把小李打哭了吗?"小阳矢口否认:"我没打他,不是我打的。"我估计是小阳打的,但也要调查清楚,不能冤枉了孩子。于是,我找来当时在现场的几个同学调查情况,结果确实是小阳打了人。在事实面前,一直嘴硬的小阳不说话了。我知道,他心里肯定知道错了,但是碍于面子不好意思承认。我决定顾及他的面子,就让其他孩子都回班了,把小阳单独留了下来。"你肯定不是故意打小李的,你可是个小男子汉,要敢做敢当呀!"我边说边摸了摸小阳的头,"王老师最喜欢诚实的孩子了,老师相信小阳是个诚实的孩子。"小阳听着不语。"你喜欢王老师吗?"我问他。小阳轻声地回应一声"嗯"。"那你应该打小李吗?"小阳微微摇头。其实,这就说明孩子已经承认打人了。我接着和小阳谈心:"那我们犯了错误后要怎么办?"小阳一脸迷茫:"不知道。"我心中闪过一丝疑惑,他的爸爸妈妈没有教育过他吗?我没多想,继续教育小阳:"我们犯了错误要道歉,说'对不起',你愿意跟小李说'对不起'吗?""嗯。"最后,我陪着小阳去道了歉。没想到,一句简单的"对不起",从站姿、眼神到语气,我教他说了半个多小时。

我隐隐意识到小阳的家庭教育有问题。当天晚上我给小阳的妈妈打电话沟通了孩子白天的事情,妈妈十分感谢我,并保证加强孩子的教育,教育他不打人、不说谎。我觉得小阳妈妈真是个通情达理的人。可是让我惊讶的是,小阳却还是一次次地打人说谎。我还是经常和他妈妈沟通,他妈妈也还是明理地说要好好教育他。是哪儿出现问题了呢?家庭和学校一起联手教育孩子,没问题呀!于是,我不厌其烦地经常和小阳谈心。一根香蕉,一个苹果,一块糖,一句表扬,一个温暖的拥抱,一个关怀的眼神……渐渐拉近了我与小阳心的距离。

有一次我们在"聊天"的时候,我漫不经心地说:"小阳,你不是答应王老师做诚实的孩子了吗?怎么还说谎呀?忘了王老师给你讲的《狼来了》的故事了吗?"小阳吃着我给他的大苹果,半天不言语。"苹果好吃……"我话还没说完,小阳冒出了一句:"我妈说叫我别都承认。"这平淡的九个字如晴天霹雳砸到我头上,我恍然大悟:原来小阳妈妈的配合都是表面上应付老师、学校的,她心里并没有真正地意识到要教育孩子。一定要让家庭教育发挥正能量,我决定从孩子的妈妈入手,让她知道什么是爱孩子、什么是害孩子。

和小阳妈妈见面沟通得知,她很不容易有了小阳,并且很疼爱孩子,但由于家庭条件限制,小阳3岁左右的时候经常一个人被反锁在家。我这时理解了小阳妈妈的溺爱,我劝她要给孩子正能量的爱,对孩子才是最好的。我得知孩子的妈妈文化不高、不会教育孩子后,送给她一本书《13岁前,妈妈一定要懂的那些心理学》,希望帮助妈妈教育孩子。

事情本应皆大欢喜了,小阳应该在家庭教育和学校教育的合力下越来越棒了,但我没想到发生了戏剧性的变化。小阳的爸爸认为我对小阳有偏见,什么事都怪罪他家孩子,不公平。我心里冤呀!我每次和家长沟通孩子在校表现,语言委婉,都说有点进步,然后再说问题。有时吃着饭就要接电话,有时自己孩子生病都顾不上照顾。遇到小阳犯错误时,心平气和,调查清楚,不听片面之词,讲道理进行教育。遇到孩子有进步时,及时奖励小印章和小食品。我还上网查多动症的相关资料及训练方法打印给家长。我俨然把小阳当成自己的孩子,这是对我天大的冤枉呀!

当时,我真是心灰意冷,心力交瘁,大病几天,觉得小阳的家长真是愧对我对小阳满腔的爱！后来想想，也不能全怪小阳的爸爸。原来，小阳的爸爸脾气暴躁，爱动手打人，每次小阳犯错误，妈妈和小阳怕挨打就向爸爸说谎推卸责任，久而久之，爸爸就误会了老师。也正是这次误会，我发现了真正阻碍小阳"成长"的两大家庭教育因素：父亲过于粗暴，母亲过于溺爱。于是，我反而更怜惜小阳了，我觉得这孩子需要更多正能量的爱。

事后，我还是热情地对待他的家长。小阳爸爸想给我道歉，我也一笑置之，说："不用了。"我们教育孩子要有宽大的胸怀，首先自己要心胸宽广，有宽容的心。因为怕妈妈溺爱孩子隐瞒事实，影响孩子的教育成长，所以每天放学由妈妈接改为爸爸接，有事情我直接给爸爸打电话沟通。从我和小阳爸爸商量为小阳量身定做的行为记录表来看，小阳在渐渐"成长"。行为记录表便于记录小阳每天的情况，一个月一张，让爸爸看表，判断孩子的表现。在学校教育和家庭教育真正的合力下，小阳进步很大，这学期都没有使用行为记录表。是呀，去年那个经常打人、说谎的"小苗"真是"长大"了！

"小佳，对不起！"小阳郑重的道歉声，把我的思绪拉了回来。对于小阳来说，今天能主动认错就已经是非常不容易了，我大大地表扬了他的诚实。尽管他现在还偶尔有说谎的时候，但是以前那个"满嘴跑火车"的小阳能主动认错了，这就是他的进步。"小苗"在"成长"了!"小苗"的"成长"来之不易,我们发现孩子"长不好"的因素很多是由于家庭教育不配合学校教育,两者之间没沟通好造成的。我也在不断改进与家长之间沟通的方式。我的真心与用心拉近了我与小阳之间的距离,小阳的心扉慢慢向我打开。我的付出有了小小的回报,小阳的点滴进步也是对我莫大的鼓舞。小阳,牵起你的手,大手拉小手,今天加油向昨天挥挥手,我用大大的勇敢保护着你,用小小的关怀"喋喋不休",将来我们一起向前走!

(海淀区永泰小学　王帆)

爱的歌声在心灵飞扬
——与天才小音乐家默默的故事

默默（化名），一个九岁、四年级的阿斯伯格症男孩，数学逻辑思维和音乐感知能力是他的强项智能。但他行为问题频发，敢于挑战任何人，全校闻名，大家都避而远之。但就是这样一个"捣蛋精"，却偏偏喜欢上了我——一个寂寂无名的资源老师。

三个学期的朝夕相处，在学校里，我已被他全心接纳。慢慢地，在学校或家庭发生令他感触颇深的事时，他都主动与我分享。其中印象最深、使用次数最多的就是创编歌词的事了。

记得有一次，离期末考试还有一周的时间，一早老师就把前一天的模拟数学、语文练习成绩公布了。显然，默默由于刻板的天性，语文因一道题不会卡在那里了，结果作文只字未写，练习的成绩只得到了36分。拿到这样的成绩，他自然无法接受，便当堂把语文试卷揉成一团，甚至还狠狠地扔到地上，用双脚狠狠地踩扁了。至于语文老师讲了什么，他屏蔽了自己的耳朵，丝毫未听，反而拿起笔，撕了一页作业纸，在上面给我写起了歌词：

> 我要带你到处飞翔，
> 走遍世界各地观赏。
> 没有烦恼没有悲伤，
> 我们要飞到遥远地方看一看，
> 这世界并非那么凉。
> 我们要飞到遥远地方望一望，
> 这世界并非那么光亮。

【中国】默默

2016年1月6日

下课铃刚一响起，他嗖的一下从座椅上蹿起来，飞快地拿着歌词来到我的办公室门前，闷声喊："报告，刘老师！我可以进来吗？"我从他的声音里听出来他情绪极其低落，立刻抬起头，放下手头的笔，转身从座椅上站了起来。看见他要哭的样子，而且身体半躲在墙后，我连忙说："我们的小伙子怎么了？快进来，让老师抱抱！"他慢慢走近，大声说："我要把学校都炸了，把老师也炸飞了，我就不用考试了。"我一听，大概知道了事情的缘由，便对着他手里拿的纸问："这是什么？""老师……"他扑哧笑了，一下把纸扔到我办公桌上就跑了。读完他写的歌词，我预感到刚才在班上发生了令他不愉快的事，便马上跟班主任和同学了解情况。回到办公室，我即刻在他的纸上留下了这样的话：

回赠小默默：

这世界真的没有那么凉，你可以带老师到处飞翔。走遍世界各地去观赏，你我没有烦恼和悲伤。让我们自由自在地去成长，我们可以一起去遥远的地方看一看，因为这世界充满那么多的光和亮！永远爱着你的大朋友，刘老师！下节课间，如果需要帮助，请还来办公室找我哦！

2016年1月6日，10：38于办公室。

当我把歌词递到默默手上时，幸好还没有上课。

第三节课间休息铃声还没结束，默默便已经坐在了我对面并且告诉我，因为语文有一道题不会，便自己闹起了情绪。还没等我告诉他该如何去做，他便说不应该死死卡在一道不会的题上，要先做会的，要学会合理运用时间。

接下来这一整天，每个课间他都到我办公室门口喊"报告"，看到我的微笑后，他便高兴地跑走了！

故事发生得突然，结束得也突然，令我反思：任何一个孩子都有自己处理事情或解决困难的方法和能力，倒是我们大人，要允许他们犯错误。更重要的是，要给他们创造自省自悟的环境、空间和时间。其次，当他们犯错误时，我们大人对他们的态度、言语和行为，决定了他们是否有醒悟和自我觉醒的能力。这样的成长经历，在一个特殊孩子身上有效果，其他孩子呢？值得我们成人深思！

这个故事里带给孩子的最大力量是什么？是歌词本身传递的正能量，还是我一个深深的拥抱？是我对他的倾听，还是我对他主体思维的尊重？是我的全心接纳，还是他自省能力强？我想它们都抵不过我们之间传递的深深的爱的暖流吧！

（海淀区永泰小学　刘翠红）

小松树长高了

　　我不知道教师是不是太阳底下最光辉的职业，我只知道真心爱教育的老师才会真正爱自己的学生，才会享受这份爱的幸福。思思（化名）是一名四年级的女生，是一名让很多老师"难以捉摸"的孩子。有时候她安安静静地坐在那里，有时候她一定要站在讲台前和你一起讲课。打开作业本，她的英语字母从来不会写在规定的格子里面。当你问到她时，她总是一言不发。总之，在大家看来她是无药可救的类型。

　　一天上课前，我看到她趴在课桌上，认真地涂画。出于好奇，我走了过去，让我吃惊的是一棵笔直的小松树映入我的双眼，我怎么也无法把它和那个独一无二的作业本联系到一起。"你喜欢画画吗？"我俯下身子，轻声地问。"我喜欢画松树。"不爱说话的思思居然回答了一个长句子。我想到了亲其师、信其道的道理，看得出来，她对松树有特别的热爱，不如就让这松树成为我和她心灵沟通的桥梁。抱着试试看的想法，我对她说道："真巧，我也喜欢画小松树，今天来不及啦，明天如果你愿意，就来找我或者把你喜欢的画放在本子里让我欣赏一下，好吗？""嗯。"思思头也没有抬地回答了一声。

下课后，我回到办公室，顾不上喝水，就开始打开电脑速学松树的画法。不管她明天会不会来，我都要在自己的桌上摆上一幅松树的画。

我是幸运的，因为第二天，她来找我了，但是没有说一句话，只是悄悄地在我桌上放一张松树的画。我猜想她一定看到了我的那幅半成品——画了一半的松树。我仔细欣赏思思给我的画，画上没有留言，更没有签名。我赶快在自己的那幅半成品画上写道："你愿意帮我修改一下吗？"落款处我没有写上名字，而是画了一个笑脸。我把画夹在了今天她交上来的作业本里。

在批改下一次作业时，我看到了那幅被她修改后的画，但我更关注到她的留言。她没有写字，只是给我回了一个梳着两个小辫的笑脸，就像思思的那两条小辫子。"啊，她愿意接受我了吗？"我心里想，脸上露出了微笑。

就这样，我们从画松树开始了简单的交流，从简单的交流成了朋友。我要感谢那幅小松树的画，是它让我走进了思思的世界，更让我了解到思思的想法。也让我知道，原来自己错怪了孩子很多地方。

现在的思思在我面前有了新的面貌，不仅听我上课，将字母尽量书写在格子里,更愿意和我交流很多事情。我眼中的这棵小松树越来越高,越来越笔直。我愿意培养出一棵棵笔直的小松树,我愿意一直享受这份爱的幸福。

(海淀区永泰小学　秦琴)

模特管理员的故事

学校二楼有几个可活动的儿童模特假人,身穿玉泉校服,头戴玉泉小帽,系着鲜艳的红领巾,俨然是几个活泼开朗、天真可爱的小学生。孩子们都很喜欢它们,常常给它们摆弄各种造型,举手发言的、做操的、叉腰站立的……大家玩得不亦乐乎。可是,这个学期一开学,老师们就发现模特的裤子被扒下来好几次。是谁扒的?为什么要扒?扒了之后他有什么感受?他扒裤子对其他同学会有怎样的影响?怎样才能让他不扒?一大串疑问在我脑中闪过。

今天一下课回到办公室,我就发现办公室里站着一个小男孩,抿着嘴,身体僵硬,站得笔直,目光躲闪,好像很害怕。同事李老师站在他身边,看到我进来,李老师说:"就是他扒的裤子,你好好教育教育他。"

我瞬间有点生气,就是这么一个小家伙三番五次地把模特的裤子扒下来!我可得好好批评他。突然,一个小故事回荡在我的脑际:陶行知先生当校长时,有一次看到一个孩子用石头砸人,陶校长就叫这个孩子待会儿到他的办公室去。孩子忐忐不安地来到校长室,发现校长不在,就在外面等。过了一会儿,陶校长来了,看到他却没有批评,只是从口袋里摸出一颗糖,说:"你来了,我却迟到了,奖励你一颗糖。"孩子愣住了。陶校长又摸出了第二颗糖,说:"刚才我错怪你了,你是干部,在管理其他同学,再奖你一颗糖。"孩子拿了两颗糖,感到很羞愧,连忙诚恳地承认错误,于是陶校长又给了他第三颗糖:"能自己认识到错误,再奖你一颗。好了,我的糖分完了,你的问题也解决了,现在你可以走了。"

想到这儿,我微笑着去拉孩子的手,让他在一个凳子上坐下,我坐在他旁边的小凳子上。

"你叫什么名字啊?"他不回答,瞟我一眼后眼睛迅速耷拉下去。我轻轻地搂着他的后背,手搭在他的肩膀上,发现他身体僵硬,呼吸紧张而急促。

我轻轻地、笑着告诉他:"孩子,放松,别害怕啊,刘老师不批评你,我只是很想知道你为什么去扒模特的裤子。"他将信将疑地又瞟了我一眼。

"你是不是觉得好玩?"他颇为惊讶地点点头。

"你是不是不知道这样做不对?"他点点头,眼睛看着我,身体变得放松。

"如果别的老师、同学来咱们学校,看到咱们学校模特的裤子掉了,别人会不会嘲笑咱们学校?"他再一次点点头。

"如果别人看见咱们学校的模特整整齐齐地站着,会不会说'他们学校好有意思啊,还有模特,而且孩子们还保护得这么好?'""会。"他终于开口了。

"你是希望别人嘲笑咱们学校,还是表扬咱们学校?""表扬。"

"怎样别人才会表扬我们?""把模特的裤子穿上去。"

"对了!说得非常好!你叫什么名字,这么聪明?哪个班的呀?"我朝他竖起了大拇指。

"张小盒(化名),三A班的。"

"小盒,我们的身体有些地方是不能让别人看,更不能让别人碰的,像我们的生殖器,也就是尿尿的地方,还有女孩子穿泳衣时遮住的地方,这些地方叫隐私。模特的隐私也不想让别人看见。"

小盒的身体变得放松:"刘老师,这就是校会上说的讲文明、爱护公物。"

"对对,就是爱护公物。还有现在在这栋楼里,你是三年级的大哥哥,一二年级的弟弟妹妹都看着我们呢,你是愿意小弟弟小妹妹学坏,大家都去扒模特的裤子,还是愿意大家一起保护模特?"

"保护模特。"

"你说得这么好,刘老师要奖励你。"说着我从柜子里拿出一条红领巾。

"这条红领巾就奖励给你,并且从现在开始你就是模特管理员,保护好模特,不许别人损坏他们,更不允许扒他们的裤子,还要告诉他们为什么不能这么做。你能做到吗?"

"我能!刘老师!"小盒语气坚定,信心满满,两眼放光。

儿童的成长都需要有一个支点,依靠这个支点,孩子获得自尊、自信,形成良好的自我认识和期待,建立对自己的认同,树立对自己的标准和要求。儿童成长过程中,会遇到各种各样的事情。当教育者用理解、发现、宽容、引导的态度去解读他们的时候,他们的心就会慢慢打开——"我是一个好孩子",这个时候给他们指一个阳光明媚的方向——"我要做对的事情",给他们一张具有可操作性的地图——"我可以这样做",他们就会获得成长的内在动力和外在技术,促使自己成长。

(中国科学院附属玉泉小学　刘丽君)

用爱开启特殊学生心扉，让爱流淌心间

在我所执教的每一届六年级学生中，都有一些随班就读的孩子始终与整个班级"格格不入"，他们或者自理能力较弱，或者和同学相处不好。学生们总是对这类学习、生活有些"杂乱无章"的孩子敬而远之，甚至会欺侮这些孩子。每当这时候，我就倍感心痛。一方面，我心疼这些特殊的孩子，另一方面，也为如何引导其他孩子感到困惑。

小于（化名）就是这样的一个孩子。她性格比较内向，有轻度的孤独症倾向，特别不善于表达。在一节语文课前，由于小于同学的课前三分钟演讲没有做好准备，PPT没有拷在U盘里，大家对她发起了"攻击"。据我了解，这已经不是第一次学生们对她群起而攻之了。埋怨声、辱骂声似乎让这个女孩子陷入麻木，她漠然地看着我，不知所措。

当时我很气愤，气愤的不是小于的准备不充分，而是班上同学的冷漠；同时我也很心痛，心痛孩子的麻木不仁。但我还是强压怒火，对孩子们说："一个班级的同学，一起生活了六年之久，就被大家这样对待，老师很不理解。我想知道小于同学真的一无是处吗?"有学生低下了头。"下面,同学们利用课前三分钟的时间找找她的优点。"举起手的学生寥寥无几。

随后,我给大家布置了一项课下作业,让大家利用一周的时间,找一找小于同学身上的闪光点。我也私下找了几个班干部,问问他们为什么不愿意和小于相处。大家都说主要原因是她自己不善言谈,不喜欢和同学交流,也不是很注意个人卫生。

课下,我也和小于同学进行了单独的沟通,想帮助她找找原因。第一次谈话,小于同学一言不发地站在我身边,任凭我怎么想敲开她紧锁的心门,她都无动于衷。我对她说:"孩子,如果你不想和老师说你的想法,没关系,你可以把你心里想的内容写下来。"

第二天,我的办公桌上放着一张纸,上面写着:"我是一个长得丑丑的女生,黑皮肤,厚嘴唇,头发总是乱糟糟的。我喜爱朗读,也喜欢写作,也希望和同学们交朋友。可是班级活动时,总是没人愿意和我一个组。我很苦恼。"短短几行字,我看到了一个女孩子渴望友谊、渴望温暖却总也得不到的自卑和困惑。我对小于说:"老师从你的文字中,读出了你的苦恼。那这些苦恼,我们有没有办法把它们消灭掉?另外,你说你长得丑,老师并不这么认为,你在老师眼里是个清秀的小女孩儿,而且在你的作文里,老师还总是能发现你作文中有灵气的句子呢!"小于终于说话了:"老师,谢谢您……""如果能从你自身出发,找找有没有什么可以让自己改变一下的地方,你一定会更加出色。我发现你总是低着头,其实你可以试着抬起头来,自信一些,自信的女孩子最美丽!"她抬起头来,冲我笑了。"明天来学校的时候,把头发扎得整整齐齐的,换一件干干净净的校服,让自己干净利落起来,自己的心情都会不一样,不信你试试。"

转眼间,一个星期过去了。班会课前,我先让学生梳理了一下小于的优点,这次举手的学生明显增多了。有同学说:"小于爱劳动,每次劳动的时候,她都默默地干完自己的事情,扫地、擦黑板都很干净。"还有同学说:"小于善于改变,这星期,我发现她的衣服没有那么脏了,头发也整齐了。"大家七嘴八舌,说了很多小于同学的优点。我明显看到了洋溢在小于脸上一闪而过的喜悦的神情。

紧接着就是一节语文课,当时正好有一个语文朗诵会的实践活动,需要大家分组活动。虽然上午大家都找到了她的优点,但是到分组的时候,还是没有组主动要求加她。我趁热打铁,把上午大家找到的她的优点给大家重申了一遍,让大家本着宽容的态度来对待她。其中一个组的同学表示,愿意接纳小于。

两天后的朗诵会,每个组的学生都积极展示自己组的朗诵作品。轮到小于所在的组时，我默默地关注着她的表现。朗诵完毕，我点评了他们全组的表现，紧接着，我说："小于同学今天在本组的朗诵中，也努力地用自己的声音传递着自己的情感。这是她个人的进步，也是这个组的同学接纳她后，整组同学思想上的进步。让我们为小于同学的进步，为他们组的进步而鼓掌吧！"全班响起了热烈的掌声。

一个学期过去了，我惊喜地发现，小于同学不再是那个总是低着头、默默无闻、总被忽视的孩子了，她自己已经渐渐能够融入班级大家庭中了。班级多次开展的语文活动中，有了她的身影。在充满爱的班级氛围中，自卑、痛苦等负能量已经渐渐离她越来越远。

小于的变化，仅仅是我所带的班级上随班就读孩子的一个小小的缩影。这些年的教师和班主任工作经历，让我对教育又有了新的理解和认识。作为教师，对学生充满爱的神情、语言和行为，都可能对一个小学生的一个阶段乃至一生产生深远的影响。

1. 在思想上，要正确引导学生

这里的"引导"，不但是对需要帮扶的学生的引导，也是对周围其他学生的引导。马卡连柯的平行教育影响理论告诉我们："整个集体就是我们教育的对象，我们应该把有组织的教育影响针对着集体。并且是这样的一种保留，要使个人认为他留在集体里是按照自己的愿望,是自愿的;其次,要使集体也是自愿地容纳这些个人。"在小学阶段,老师的一言一行都深刻地影响着学生,教师的言行具有很强的导向作用。一个老师,能够公正平等地对待那些随班就读的特殊学生,会让其他学生也对这些特殊学生采取包容的态度,进而在一个宽松的班级氛围中取得点滴的进步。

2. 老师要充分了解学生的成长背景和个性特点

每个孩子都来自不同的家庭,有着不同的个性。在上述案例中,经过我的走访调查了解到,小于同学的父母平常工作比较忙,再加上家中一年前又添了一个小妹妹,父母在小于身上投入的精力有限。而原本处在青春前期的女孩子,身心也在经历着巨大的变化,尤其是像小于同学这样不善言谈、有孤独症倾向的孩子,而这些变化又常常被认为是病态的,并被家人所忽视。在以后的工作中,老师应加强和学生家长的沟通,家校共同努力,让孩子体会到老师和父母都是爱自己的,对孩子的成长大有裨益。

3. 抓住每次的教育契机,让孩子时刻感受爱

每一个孩子都渴望被认可、被肯定。对于那些性格比较内向孤僻、有孤独症倾向的孩子来说,他们内心可能也有想展示自己的愿望,只是羞于表达,不知道怎样迈出自信的第一步。作为老师,我们就要给予这些孩子展示自己的机会,让他们从

一次次的锻炼中，感受成功的喜悦，感受周围的人对他们的欣赏和喜爱。时间久了，他们有了自信，自然就会形成良性循环，他们必然会重新燃起对学习和生活的热爱。

夏丏尊先生在为《爱的教育》所撰写的译者序言中把办学校比做挖池塘。他说，我国办学校以来，老在制度上、方法上变来变去，好像认为池塘是恒存在的，并非真主创造的，但真主是世界运动的第一推动力，有人说方的好，有人说圆的好，不断地改来改去，而池塘要成为池塘必须有水，这个关键问题反而没有人注意。他认为办好学校的关键是必须有感情，必须有爱；而当时的学校所缺的正是感情和爱，因此都成了没有水的池塘，任凭是方的还是圆的，总免不了空虚之感。小说原名为《心》，夏先生觉得这个书名不醒豁，不能表明内容，最后决定用《爱的教育》。夏先生给这部小说的评价很高，说作者写出了理想的教育境界，就是把学校、家庭、社会都建立在感情的基础上，建立在爱的基础上。我同样也想以"爱"来命名这篇文章，从而鞭策自己用"爱"作为教育教学的灵魂。

（中国农业科学院附属小学　雷迟）

第三说
孩子，我需要更努力

大多数普通学校教师们对于"特殊教育"一词还不够理解，对于学生的特殊需要也束手无策。近年来，在社会关于"特殊人群"的宣传和融合教师培训等因素影响下，越来越多的教师们开始逐渐了解这个群体，熟知相关的专业知识，不断汲取养分，提高自己的能力水平，服务班级中特殊教育需要学生。

资源教师专业成长故事

2010年，我取得海淀区资源教师资格证书，开启了我职业生涯的另一扇门。在这八年间，在海淀区特殊教育研究与指导中心的不断培训及教学督导中，我从一位学科教师慢慢变成有专业、有技术的资源教师。我被评选为海淀区优秀资源教师，并在专业杂志发表若干文章，我所服务的资源教室被评为北京市示范资源教室。

刚刚进入资源教师领域，我就开始训练初中阶段的中度智力障碍伴随孤独症学生。因为当初有心理学背景，我用团体辅导来训练孤独症儿童，效果并不明显。而等我用了特殊教育学中的语言训练、社交训练、应用行为分析、社交故事和生活照片故事等方法来进行训练，学生取得了飞速进步。三年时间，学生在成长，我也在成长。学生从满地打滚、自笑自语、口齿不清的女孩，变成较能清晰表达、说话较有结构的少女，我也从心理老师慢慢变成具备专业技能与水平的资源教师。

对我触动最大的事情，是2014年在中山和特教中心的同仁们一同参与言语治疗高级研讨班，我第一次接触到真正意义上的 8 岁孤独症男童。当我做主训教师的时候，才发现自己曾经管用的方法在陌生孩子面前全然无用。这对我而言是巨大的挑战与打击，挑战是学生四处跑，我完全不知道怎么应对，打击是对孩子的问题束手无策。我也许永远都没有机会介入重度孤独症儿童的教育与辅导干预，但是这个问题始终困扰着我，连安坐都谈不上的儿童谈何教育呢？

2016 年初，我参加了海淀培智学校的行为问题高级研讨班。这个研修班每周五上一整天的课，个案研讨、督导学习持续了一个学期。除个案外，督导教师、个案的历届班主任、家长及很多特教同仁组成了团队。在这里，我通过单向玻璃的观摩教学，逐渐了解到应用行为分析的策略，看到不能安坐的疑难个案在老师的指导下逐渐安静，并开始有目的地集中注意力进行学习。这对我内心的疑问有所解答，更让我看到特殊教育的不同和真正的特殊教育方式方法。

而让我茅塞顿开的培训当属 2016 年末海淀区特殊教育研究与指导中心举办的海淀区应用行为分析师的三阶培训。在这里，我深入学习了差别强化等核心概念与训练方法，尤其在实地督导中，在督导老师的指导下，我亲自上阵辅助程度最严重的孤独症儿童，具体应用 ABA 策略进行干预。从第一次督导学生安坐持续 15 秒到第二次安坐持续 90 秒，以及学生学会流畅地表达，这一切让我感叹方法的力量——孤独症孩子愿意配合老师，不再用问题行为试探对方是不是懂他，而是用清晰的口语表达和稳定的情绪来赢得注意。我温和而坚定地去执行教学策略，慢慢地，我对ABA的误解少了。ABA通过教练式的稳定执行与疏导，借用大量强化，从而达成期待行为。

学生的变化更是对我内心中三年疑问的解答。我不断进行学习、练习、思考，再学习、再实践，这一过程让我在资源教师这条路上越走越有信心。我相信方法的力量，相信特殊教育的魅力，更相信海淀区特殊教育研究与指导中心引领的力量。

作为资源教师，我们更要相互鼓舞着一起前行，学习是为了更好地将所学应用到自己服务的随班就读学生，用技术、专业来提升他们的生命质量与生命尊严。我也慢慢尝试用团体课程为智力障碍学生、肢体障碍学生等提供更有效的教育训练与教学服务。

希望自己成为实务型工作者，为特殊教育需要学生提供优质教学，提升他们的生命质量。

（中国农业大学附属中学　党琪）

我和我的孩子们

2015年,学校一年级发现了6名特殊学生,这是我们建校以来特殊学生数量爆表的一年。刚开学不久,特殊学生的行为情绪问题就爆发出来了,他们在班里常会大哭、大叫、攻击他人、破坏课堂纪律,这些问题把班主任和任课老师们弄得焦头烂额,无法进行正常的教学。

这时,学校领导找到了我,希望我介入特殊学生的教学工作。那时的我真可谓是临危受命,因为当时我每周有八节英语机房课,同时负责学校图书馆管理和图书订阅的工作。虽然我自身工作本来就很繁重,但是学校能安排我来做这份工作,就是对我的信任,我要尽自己的全力把工作做好。

首先我进班对这些学生进行了初步评估,之后跟学生家长进行了深入地沟通,大部分家长认可学生的问题,也愿意配合学校的工作。

跟家长沟通过后,我向海淀区特教中心申请帮助,从特教中心聘请张老师和柳老师对学生进行韦氏和动作评估。评估之后,他们将评估结果向家长进行了细致的解读,并给予家长们很多有效的建议。他们建议对这些学生进行一些动作、注意力和社交方面的训练。本来家长们想让学生参加特教中心的训练，但是特教中心的训练名额已经满了。

这时，特教中心的柳老师建议由我来给孩子们进行一些简单的动作训练，因为学生的问题越早干预，效果越好。

当时我还不是一名资源老师，学校也没有专门的资源教室，训练用的教具和场地只能靠自己动脑筋去解决。

2016年5月，我们的早训开课了，从每周一到周五，早上7：25到8：00。起初是5名学生，后来增加到7名学生。最初的训练内容只是大肢体动作，训练内容比较单一，导致时间一长学生就出现烦躁、发脾气、乱跑乱叫的不配合行为，这使我非常头疼。

为了能更好地开展训练，我找了特教中心的张老师和柳老师请教教学经验，并且阅读了很多相关的专业书籍，同时在工作中也不断调整训练内容，使之更加适合我的学生。

之后的训练内容，我加入了社交游戏环节，并且设立了奖励机制。训练开始的15到20分钟进行肢体的大动作训练，后面10分钟进行社交互动游戏，最后留几分钟对当天训练进行总结，给予学生相应的奖励。经过一段时间，学生参加训练的积极性提高了，动作的通过率也有所上升。

虽然我的学生们在学校还有一些行为和情绪问题，但是和刚开学时相比已经有了很大的进步，老师们反映这些学生在课堂上破坏纪律的次数明显减少，也能学着与同学们进行一些简单的互动游戏。

通过近半年的早训，我和孩子们建立了深厚的感情。在我的眼里，这些特殊学生都是我的孩子。每次课间见到他们，他们都会热情地跟我打招呼，会跟我说这说那，我也会去摸摸他们稚嫩的小脸，或给他们一个大大的拥抱。

2016年9月，新的学年开始了，这一届新入学的一年级特殊学生数量明显高于去年。虽然我这份工作会越来越辛苦，但是在学校、家长和孩子们的支持鼓励下，我会在特殊教育道路上一直走下去。

（北方交通大学附属小学　樊颂）

在融合教育中成长

融合教育的理念就是让特殊教育需要学生与普通学生一起在普通学校接受教育，使他们适应普通学校的校园生活，发挥潜能，更要让其身心得到全面的发展。此外，通过"融合"培植互相关怀的校园文化，促进家庭与学校合作，将学生培养成为社会所需要的人。

2011年，学校在海淀区教委和海淀区特殊教育研究与指导中心的关心和支持下，建立了为随班就读学生开展教育支持、康复、教学补救、心理辅导和活动的资源教室。

我因为有心理学专业背景而参加了海淀区特教中心举办的第一批资源教师培训，从此走上了资源教师专业成长之路。经过为期一年的资源教师专业培训，我认识了什么是孤独症，如何与孤独症学生打交道，如何对这类学生进行教育补救。当然，还有感统训练学习和实践等其他内容。

走上资源教师岗位后，先后有小昊、小婕、小宇、圆圆、元元和鹏鹏等孤独症学生（均为化名）及听障、智障、脑瘫等随班就读学生走进了资源教室。

记得那是新学期开始。第一天的课间操，高一（4）班班主任拉着一名女生来找我，说："我们班这个学生不上课间操，怎么说她都不上。"她就是小婕。经过了解，我才知道小婕为什么有一些不同于常人的行为。

小婕有阿斯伯格综合征。在初中时，她的班主任是一位漂亮的语文老师，她很喜欢，还翻开手机让我看那位女老师的照片，女老师很像一位电影明星。小婕告诉我，她的初中班主任不仅长得漂亮，而且声音也很好听。现在她考到我们学校，她认为现在的班主任个头矮，长得难看，声音也难听，她就是不接纳现任班主任。其实现任班主任并不像她说的那样，只是不符合她的审美标准和感觉。

如何对小婕这样的特殊学生进行教育培养呢？我用从资源教师专业培训中学来的知识和技能，对小婕进行了分析，制订个别化教育计划，并安排相关活动，使得小婕有了明显的变化。通过两年多的融合教育，小婕有了明显的成长。

1．小婕每天脸上都洋溢着幸福的笑容，愿意来学校上学了。

2．小婕的自信心更强了，在和同学、老师、家长交流时敢于表达自己的想法和要求了。

3．不说过激的话，能适度控制自己的情绪。

4．可以自己去买一些东西送给别人吃，懂得分享了。

这些是之前我都难以想象的事。我跟小婕妈妈叙述这些事情时,看到她脸上的笑容,感受到了妈妈内心的欣慰。

鹏鹏是 2016 年 9 月入学的初一学生,医院诊断为孤独症。他无法与普通学生正常交流,不会主动寻求帮助,人际交往能力很差;上学期间需要有陪读阿姨;能认识较常用的字词,能进行算术加法的简单运算;跑步不稳,运动协调能力差。

怎么才能让这个可爱的小男生健康快乐地成长呢? 2016 年 11 月开始,我参加了由海淀区特教中心委托海淀康纳洲孤独症家庭支援中心对本区 100 多名资源教师、随班就读教师进行的应用行为分析师的培训,鹏鹏就成为我指导的个案。

在视频督导中,我的指导老师分析了鹏鹏的具体情况,引领我制订出了指导鹏鹏的科学方案。这次培训学习和视频督导,让我明白了什么是问题行为,如何找出孤独症学生的问题行为,问题行为对孤独症学生有什么影响,如何进行评估,测量,如何进行正向行为支持,采取哪些干预策略,教导哪些替代行为,如何小心地引入结果策略,还有如何进行塑造,如何进行自我管理等等,我都有选择地、巧妙地应用到鹏鹏身上。虽然只有三个月的时间,我却看到鹏鹏的问题行为正在快速地发生改变。

作为一名资源教师,我深刻地体会到,孤独症学生随班就读工作非常需要精通特教专业知识和技能的教师引领,遵循科学的教育方法和行为介入策略。随班就读学生是祖国的花朵,需要知识，需要能力，需要情感的赋予，需要人格的塑造。只要学校师生为他们提供良好的成长环境和恰到好处的帮助，采用灵活多样的教育教学方法，他们就一定会按照自己的方式、速度和特点去学习和成长，绽放出生命的色彩和光芒。

在融合教育的理念引领下，在海淀区教委和特教中心的关心支持下，不仅学校的随班就读学生在成长，我这个资源教师也在不断成长，从事随班就读工作的任课教师和班主任们也在成长。

（北方交通大学附属中学第二分校　张咏梅）

融合　成长　静待花开
——CNABA 学习随笔

2016年金秋，我接到了行为培训的任务。刚开始以为就像以往的特殊教育培训，所以我高高兴兴地就去参加开幕式了，心里在想，行为培训？CNABA？ABA？到底会是什么新鲜事物？然而，和以往的培训所不同的是，随着热烈而庄重的开幕式活动的结束，专业学习马上就开始了。作为一个普校的数学老师，我第一次接触台湾的专业老师，第一次听到一堆专业名词，最初的兴奋、好奇马上就变成了"懵"！台湾的专家在课堂上做着专业辅导："正强化"、"负强化"、"正惩罚"、"负惩罚"、"强化物"……我不停地记着笔记，发动一切脑细胞参与活动，最终发现这些专业的内容还是需要课后查阅大量资料、仔细理解才能消化。

让人难忘的是，CNABA 初阶学习时还安排了视频督导和实地督导活动。视频督导是一个新鲜事物，老师们在各自的学习环境中、在康纳洲老师的引领下，采用线上放视频、PPT 和说方案的形式，同时让多人参与小组的督导、观摩和反馈活动。结合每位老师的视频实例，康纳洲老师从报告的第一张PPT开始指点，非常耐心、细致、专业。虽然每次上课4个小时很辛苦，但我不敢放过每一分钟的学习机会，收获很大。尤其视频督导中找个案的过程很艰难，因工作关系在学区，没有自己的班级和学生，我只能到辖区内的普校去找，但是普校中符合条件的个案太少了。感谢翠微小学赵老师的支持，我终于在她的班里找到了一个，随之而来的却是更多意想不到的困难……请班主任帮忙约家长见面沟通、征得家长同意给孩子做行为分析，我还要给家长做出保证——孩子的视频和头像仅用于视频督导，会保护好孩子的隐私。得到家长的认可后，个案对象所表现出来的现象又是我没想到的，这个孩子根本不能接受外人的单独辅导，每当我架起摄像机的时候，孩子就失控，不进资源教室，不让我靠近他。几经周折，只好每次的行为辅导都让他的班主任赵老师在场，慢慢地，孩子和我建立了信任，才使得后续的视频录像得以顺利进行。因为上传视频文件过大，技术上不好解决，第一次视频督导前一天晚上已经12点了，邓学易老师还在与我沟通、帮我想办法。

第一次实地督导，我怀着好奇、忐忑的心情来到康纳洲孤独症家庭支援中心，想象着自己会带一个什么样的孩子，该怎么运用所学的知识来帮助这个孩子……啊，终于和我的辅导对象见面了！小男生大大的眼睛，高高的个子，一看身体就很健康。他正在教室里面跑来跑去,嘴里还发着声音。我叫他的名字:"小帅(化名)、小帅,老师今天和你一起上课好不好?"结果,他冲过来就狠狠地踢了我一脚,当时疼得我眼泪马上流下来了。我不知所措地站在那里,刘林妹老师此时赶了过来,叫着孩子的名字,并把他拉回到座位坐好,问道:"小帅是不是喜欢树叶?刘老师给你准备了一大堆的树叶,快来看看都是什么颜色?"没想到小帅一下子就安静下来开始找树叶。刘老师继续说:"你看,你刚才踢了赵老师一脚,赵老师得多疼啊,以后还怎么帮你一起找树叶?快去跟老师道个歉吧!"听完后,小帅的脸上好像有了反思的表情,还看了看我,低下头继续数树叶。虽然他没有向我道歉,但是从眼神中我能够明显感觉到孩子已经开始接受我了。特殊孩子有时候很难接受新老师来接触他,这就需要老师用专业的知识和方法来跟孩子进行互动,让孩子产生信任感,然后才能接受老师对他的帮助。这个过程是漫长的,但是我通过专业的学习,越来越有信心来进行这项工作,奉献自己的爱心,关爱这些可爱的孩子,因为他们比普通的孩子更需要爱和耐心。

随着学习进度的推进,我发现自己开始喜欢上了这门学科,慢慢地把学到的一些专业方法运用到平时的工作中,运用到生活中,越来越感受到行为分析学以致用的乐趣。在这个学习的过程中,更令人欣喜的是,我能够潜移默化地把所学知识带到普通学校，让那里的特殊学生受益；我能影响孩子的班主任和我一起对孩子的特殊行为进行辅导和改善。认可并接受 ABA 的教育理念，广大的普校教师能在工作上贯穿融合教育的理念，培养特殊孩子为将来更好地服务于社会做好心理准备，使他们能真正成为可以独立生活、平等参与社会、融合于社会、服务于社会的有用人才。

（海淀区羊坊店学区管理中心　赵燕军）

我们一起成长

这个学期，我成为一名资源教师。初涉特殊教育领域，我尚在懵懂之中，这时，海淀区应用行为分析师培训班开课了。我边学边做，培训班为我的工作提供了许多助力和支持。

开学没多久，我遇到了昊昊（化名），一个三年级的学生，他眉目清秀，干净整洁，说起话来思维清晰，看起来真是个讨人喜欢的孩子。可是这样一个孩子，却被全班同学和家长投诉，班主任也感到十分头痛，这是为什么呢？原来，他管理不好自己的情绪和行为，上课时常常离开座位随意走动，还有一些攻击行为。

初次接触，我带他参观资源教室，告诉他老师很想和他做朋友，这里也欢迎他的到来。那天，我们聊了很多他感兴趣的话题。离开时，他很开心，对我这个刚刚接触的老师已经有了亲近感。我们建立了良好的互动，这是一个好的开端。

通过班主任和任课老师，我已经了解了昊昊的基本情况，又与他的父亲进行了沟通，知道了他在家里的行为表现。为了更好地观察孩子，搜集相关的数据，在班主任的协助下，我用摄像机记录他上课和课间的表现,回到办公室反复观看。记录显示,昊昊在上课时会出现各种各样的问题,比如拿同学东西,随意在教室内走动,会去跟不同位置的同学说话,在同学的本子上写写画画等。有的同学不理睬他,有时却会引发更严重的问题,老师的制止也收效甚微。这么复杂的问题,该怎么着手解决呢?通过认真的分析和思考,他这些问题的出现都有一个共同的源头,就是上课时很难在座位上安坐,如果控制好这一点,那么后面的问题就不会发生了。

确定了问题行为,我用刚刚学到的应用行为分析方法,为他制订了干预方案,既有到资源教室的单独辅导,也有需要任课老师配合执行的自我管理方案,还有需要家长协助的代币系统的执行。对昊昊的干预,班主任给予了最大限度的支持和配合,其他任课老师也一样热情支持。本来家长对孩子的改变并没有抱太多期望,但一周之后,孩子上课的情况有了明显的改善。对于孩子的进步,我非常欣喜;看到了效果,家长的信心也建立起来了,更愿意听从我的建议,和学校配合,改变自己的教育方式,与学校教育保持一致。

在对昊昊的干预过程中,我深切体会到,要做好特殊教育工作,必须始终与班主任和家长保持密切的沟通,随时交流情况,及时调整方案;同时还需要有坚定的信心、持之以恒的努力,以时间和爱心争取孩子的点滴进步。此外,我还把实践中的方法和理论分享给大家,一起更科学地塑造孩子的行为。

这是我作为资源教师接触的第一个学生,真情投入,用心陪伴,在这条路上,我们一起成长着。

(海淀区五一小学　李亚静)

一次新（心）的思考

又是一年9月10日，在北京读技校的小熊（化名）与其他孩子一起回来看我，看着他脸上那憨憨的笑容，我的思绪回到了三年前……

小熊，人如其名，高高的、胖胖的，看上去是个憨厚、老实的小男孩儿，但开学没超过两周，他就成了班里名副其实的"问题"人物。"老师，小熊作业只写了几个字"，"老师，小熊的试卷答案光是抄题目"，"老师，小熊把炸鸡块偷偷装口袋带回班了"，"老师，小熊上课脱鞋光脚，班里好臭"……每天都会接到很多"投诉"，最让我焦头烂额的莫过于小熊做出的这些奇葩事。

与小熊在一起的三年里，我们之间发生了很多故事，但有一件事一直让我难以忘怀。

10月的趣味运动会举行在即，体育班长将报名的名单交给我，想让我把一下关，然后将参赛名单公布给同学们。于是我利用晚自习对比赛进行了一番安排，"旱地龙舟"、"奥运五环"、"袋鼠运球"等项目需要参加的人数相对较少，但要求参赛者具备极强的肢体协调能力，所以是我关注的重点。在这些项目上，我挑选了精兵强将，一一布阵。本以为工作安排妥当的我第二天迎来了一位意外的客人——小熊的妈妈。她询问了一些小熊近期的表现，但我总感觉小熊妈妈似乎还有别的事要说，几次欲言又止之后她终于说到了"正题"——趣味运动会。小熊妈妈想知道，小熊报名了拔河比赛，但为什么名单上没有他。我先是一愣，继而反应过来。那次体育班长同我筛选的时候，确实在小熊这儿犹豫了一下，但我们觉得小熊似乎总是慢人一拍，况且集体赛没上成也没什么大不了的。但接下来小熊妈妈的话却让我为自己的"理所应当"、"考虑不周"而深深地自责。她说："昨天小熊回来后闷闷不乐的，原来总是喜欢和我们说在学校发生的事儿，在我再三追问下孩子哭着问我：'妈妈，为什么运动会我不能参加？大家都有项目，我想拔河，我有力气，我想和大家一起比赛，只有我一个人没有被选。妈妈，我生气得想要自杀……'"我的心随之一紧，虽然小熊说的只是一时气话，却也是他最真实的想法和感受。我想在名单中找不到自己的他，一定为能力无处发挥而沮丧，为自己不被认可而伤心，为自己被大家忽视而备受打击……

这件事也让我陷入了深深的自责与思考中，让我开始正视随班就读学生的教育问题，也让我开始反思自己的教育方式。每个人的成长都有不同的韵律和节拍，有的快，有的慢。随班就读学生也不例外，有着自身发展的规律。现在想一想，从四处"惹是生非"到"想要奉献"，他其实向前迈出了很大的一步，像小熊这样特殊的孩子需要更多的关注与肯定。作为一名教育工作者，我们应该遵循孩子的身心发展规律，相信他们，用耐心守护他们，用爱心呵护他们，总会等到那一树花开！

（清华大学附属中学永丰学校　黄维超）

一间有温度的教室
——我与资源教室的缘分

很明确地说，我是一名电教老师，我从来没想过要与资源教室及资源教师有什么交集。也许是机缘巧合，也许是人为因素，在2015年秋季开学的全校例会上，我听到一个爆炸性的消息：因为上一任资源教师离职，我将担任本学期资源教师的工作，管理资源教室，成为资源教室的主持人。

带着一点点好奇心，我走进了资源教室。教室里有一面墙是蓝蓝的大海的场景，上面有群嬉戏的鱼和海豚，还有几只大螃蟹调皮地晃着自己的大钳子。这样的场景在其他教室里是看不到的，相比其他教室里的花花绿绿夺人眼目，这样的布置与装饰更让人心情平静，我一下子就喜欢上了这里。当然，除了墙面的装饰外，我还看到教室里摆放着各种专业教材，以及学具、教具等。最吸引我的是地上摆着的平衡木、套圈、沙袋，不同硬度和粗细度的磨砂板及手动训练器材，这根本就不像一间教室，更像一个小型的游乐场。

随着了解的深入，我逐渐认识到资源教室是为特殊教育需要学生、他们的教师和家长提供特殊教育专业服务的场所，它具备如下主要功能：（1）开展特殊教育测查、评估、建档等活动；（2）进行学科知识辅导；（3）进行生活辅导和社会适应性训练；（4）进行基本的康复训练；（5）提供支持性教育环境；（6）开展普通教师、学生家长和有关社区工作的培训。认识到它的功能后，我又重新审视了一下这里，再一次感受到这间教室的与众不同。它不是普通教室，而是有特殊意义的教室，是为特殊教育需要学生提供咨询、个案管理、教育心理诊断、个别化教育计划、教学支持、学习辅导、补救教学、康复训练和教育评估等的多功能教室。

每当我打开资源教室的门，总会有一些低年级小朋友探头探脑地往里面看，他们会好奇地问我："老师，这里可以玩吗？"这时，我会耐心地向他们解释："孩子们，这里不是玩的地方，这也是一间教室，是为有特殊教育需要的孩子专门使用的教室。"他们听后，都似懂非懂地离开了。

2016年4月份和5月份，我在市特教中心组织的新任资源教师培训的过程中受益颇多，让我对资源教室的理解上升到一个新的高度。我们都知道孟母为了孩子而三迁住所的故事，而这样一个让人心情沉静的环境更是为那些特殊教育需要学生提供一处可以放松自我的港湾。

资源教室不再只是一间冰冷的放置各种物品的教室，这里有温暖的老师，有贴心的陪伴，有适合孩子们成长的教学教育资源，这里是一处温暖的避风港。

（海淀区清河第四小学　胡蕾）

和她一起感受成长的快乐

新学期开学的第二天,我到初一(2)班听课,坐在教室靠门位置的一个总不抬头的小姑娘引起了我的注意。

好好一个姑娘为什么上课总低头呢?我仔细打量起她——扎着高高的马尾,白净的脸颊上有几颗青春痘。因为青春痘自卑?不好意思抬头?带着这样的疑问我继续偷偷观察,发现她时不时地将头深埋在课桌底下,口水也会不自觉地顺着嘴角流出来。这可不是一般孩子课堂该有的表现!我暗暗记下了孩子的名字,决定一探究竟。

回到办公室,正好区里的随班就读名单下发了,我醒目地看到了小辰(化名)的名字。随后,我又查看了她的学籍档案,其中一栏写着"智力障碍"。

这可是个女孩子,我来校十年了,还没有碰到过智力障碍的女生,女生和男生还不一样,更脆弱敏感,怎么办?孩子所在班级的班主任刚刚工作两年,面对这类学生没有一点经验,怎么办?学校几年来都没有这么明显症状的随班就读学生了,作为兼职资源教师的我该如何安排自己的工作?一连串的问题出现在我的脑海。这时候，我想起了著名激励大师约翰·库缇斯的那句名言：不管怎样，都好过你一屁股坐在家里面，那样将一事无成！想到这里我立刻行动起来。

我首先通过班主任约见了孩子的妈妈，了解了孩子的情况——因难产导致智力低下、感统失调，妈妈对孩子投入了比其他母亲更多的爱心和耐心，专心陪伴着孩子。通过和妈妈的沟通，我们初步拟订了孩子的个别化教育计划——由我对孩子进行问题行为矫正，语文、数学老师进行学科辅导。同时，我还加了小辰妈妈的微信，方便随时联系。

从9月到10月，按照最初拟订的计划，我坚持每天中午对小辰进行辅导。她热爱跑步，我陪着她一起在操场慢跑，拉近与她的距离，在跑步中矫正她侧倾的姿势；她说话吐字不清，我带着她一起做舌操，教她如何控制舌头；她不会系鞋带，我用资源教室的感统训练设备，教她理解左和右，教她理解什么是协调……我用自己参加资源教师技能上岗培训的仅有知识一点点地改善着小辰的行为，但总觉得不够系统、不够科学。

恰恰在11月初，海淀区特殊教育研究与指导中心举办了"应用行为分析师培训班"，这对于急需专业知识支持的我来说简直是雪中送炭。我努力排除了工作中的各种困难，坚持参加学习。这次培训特别科学地在周末（与日常工作不冲突）安排了视频督导环节，给了我充分学习、实践与请教老师的机会。

针对小辰注意力不集中的问题，我买来了舒尔特方格卡片进行训练，并应用行为分析理论进行计时、计次的测量统计，建立了代币系统。经过一个月的训练，小辰的成绩从最初的1分50多秒提升到现在的39秒（此年龄正常水平30秒），面对这样的成绩，小辰和妈妈都欣喜若狂。而我作为一名兼职资源教师，作为一名CNABA学员，感受更多的是学习的快乐、学以致用的乐趣以及通过自己的努力与孩子一起成长进步的成就感。

前期的努力让我看到了小辰的毅力和潜力，CNABA中阶理论的培训让我更加有信心和小辰一起走下去。现在我又开始了进一步的挑战——锁定小辰低头的行为矫正。经过督导老师的专业指导，我已经制订了清晰的计划，只等着新学期到来着手实施了！

学校很多老师不理解地问我："你已经够忙够累了，还学特殊教育？咱学校能有几个这样的特殊孩子？把休息时间都用来辅导一个随班就读学生，值不值啊？"我微微一笑回应道："学习的过程是辛苦的，学以致用的过程是快乐的，我愿意陪着这群折翼的天使一起成长进步，我希望帮助他们插上翅膀，在爱的蓝天里自由飞翔！"

（北京外国语大学附属中学　霍霖霞）

第四说

孩子，拉住我的手

特殊教育需要学生，在学校中有点惹眼，在同学口中有些"古怪"，似乎与这个世界格格不入，但是谁又能明白，他们也有自己的想法，他们也有向世界表达自己愿望的需求，他们的闪光点更加耀眼。管不住手、控制不住情绪、无法专心听课可能都不是他们的本意，他们需要的，是一双温暖的大手拉着他们、安抚他们、拥抱他们。这双大手来自老师、家长、同学、路人等等所有伸出援助之手的人。最好的教育不是我教的你都会，而是我理解你，看到你进步；你接受我，回报我你的进步。伸出你的手，伸出我的手，我们大手拉小手，一起向前走。

爱与坚持，让我与孩子共成长

认识小西（化名）是一年级新生报到的那天。一双闪闪的大眼睛长在圆圆的小脑袋上甚是可爱，让我这个班主任一下子就喜欢上了他。

在与孩子逐渐接触的过程中，有过特教经验的我慢慢发现了他的与众不同：听不懂老师的话，不会回答最基本的问题，不能自如地与同学相处……我试着和他妈妈聊天，了解孩子的情况，他的家长也很直白地回答我："孩子天生就特别笨，连别人问他叫什么都回答不上来。"语气中透着无奈。我试着站在家长的角度，结合自己的一些见解安慰他的妈妈："每个孩子都是与众不同的，他有些地方不如别人，也一定会有比其他同学优秀的地方。我们一定要想办法帮助他。"

通过平时上课时留心观察，经常与孩子父母沟通交流孩子的情况，阅读相关书籍，参加特教培训，我为孩子制订了适合他的个别化教育计划。随着学校资源教室的建成，更多教育资源的使用让孩子从抗拒单独补课，到渐渐地喜欢上了资源教室的训练课，训练课甚至成了孩子上学的动力。

在资源教室的训练课上，小西总是开心地接受我布置的训练任务：制作手工、学习文章、运动训练……看着他课上认真的眼神和规范的动作，感受着他一点一滴的进步，我的心里也充满着成功的喜悦。记得有一次手工制作过程中，小西主动和我聊了起来："我喜欢做……"我按捺着内心的激动，看着他那双闪闪的大眼睛："喜欢和我一起做什么？记得我们要求说话要完整吗？"看着他用认真的眼神看着我，试着努力地说出："傅……傅老师，我喜欢和您上……一起上课。"说完，他不好意思地低下头，继续自己手里的制作。这简单的话语中没有华丽的辞藻，没有过度的修饰，甚至连想说完整都是那么费力，可是这话在我听来却像是初春和煦的微风，温暖着我的心田。

这话让我想起了刚开始给小西上训练课以及为了提高他的成绩拼命教文化知识时，他绝望的眼神和我无奈的心情，想起了从事语数包班的自己为了每周挤出时间为他单独上课的种种心酸，想起了自己为了能够参加特教培训奔波的情形……过程虽然艰辛，有时心中也充满了委屈，但是一想起他那双闪闪发亮的大眼睛，心中就充满了无限的激情，鼓励着自己勇往前行。

我和小西依靠着这份爱与坚持共同成长着。因为这份对特殊孩子的爱，我即使面对再多困难也努力坚持着；因为这份爱，小西对我打开心扉，我得到了家长无比的信任。因为这份坚持，我在特教的道路上积累了很多经验，充满信心地在特教道路上继续前行着；因为这份坚持，小西在学校得到了更多适合他的训练，并能健康地成长。我和家长都相信孩子的未来一定充满着希望。

（海淀区台头小学红星校区　傅莉莉）

成长着　收获着

一年级新生入学的第一天，小夏（化名）的妈妈就站在了教室的门外，我便知道了这孩子与众不同：他有智力障碍，逻辑思维能力和语言组织能力远远低于同龄人。正是因为这个缘故，小夏成了我班的随班就读学生。

因为我曾经与这样的孩子有过接触，积累了一些实践经验，更因为此时此刻的我也是一位母亲，我的孩子与小夏年龄相仿，我更能理解作为母亲的不易与孩子的孤独。学校原本是让家长陪读的，而我却建议家长离开，这既释放了家长的压力，也给了孩子一个独立成长的空间，但对我而言，却是一个挑战。好在有学校的大力支持，有家长的积极配合，这才使得小夏在这三年的时间里不断进步。

我尝试着分析了解他，从而试图寻找比较适合他的教育方法。小夏记忆能力较强，但思维能力较弱，许多事情都不能灵活处理，对普通学生说上一句话就能执行的，对小夏而言，就要反复不断地去说、去教。上课时他常常不能及时回到教室而在操场上玩沙子，必须有人去叫，他才能回到教室；他害怕厕所的冲水声,就跑到学校大门左侧的小树下方便,我不但要拿着纸、铁锹去清理,还要带着他去厕所适应冲水的声音,好让他能自如地如厕。重复的次数多了,这些问题也就慢慢地解决了。

除了关注小夏本人之外,我还要给他营造宽容、接纳的班级氛围,培养两到三名助学伙伴,创设展示舞台,协助他参与常规活动和集体活动。

刚一开始,小夏几乎没有与班级同学和老师交流的能力,在校只会说类似"小夏很优秀,表扬小夏"这样的套话,其实他的语言能力还是有的,只是不能根据语境随时变化。家长和我一起努力,常常和他聊天,教他如何应答。日复一日,年复一年,功夫不负有心人,我们终于有了收获。

"谁让你来老师办公室的?"

"是小夏自己。"

"这么做,对吗?"

"不对,不应该自己来这里。"

"那你怎样才能来这?"

"让李老师领我才可以。"

这是三年级时小夏与我的一段对话,足以展示小夏语言应对能力的提高。

"人性中最深切的本质是被赏识的渴望。"小夏虽智力有障碍，但也有被赏识的渴望，有时这种渴望更加强烈。我便努力去为他创造这样的舞台。课堂上，我让他重复我说过的话，他说对了，同学们就会给他以热烈的掌声；操场上，他参加接力跑，看到他快速奔跑，同学们都忍不住为他呐喊助威；楼道扎板上，贴着他的画；联欢会上，我让他给大家演唱英文歌曲……我一次又一次地给他在大家面前展示自我风采的机会。有了这些展示，同学们发现了他的长处，也愿意和小夏多接触了，在赏识的氛围中，小夏不再那么孤独了。

走出孤独的小夏，在他的成长道路上，还会遇到这样或者那样的问题。有问题是不用惧怕的，解决问题才是硬道理，解决问题才会有发展。此时此刻我的教育心得是：成长有收获，且行且努力！

（北京石油学院附属实验小学　李晓宏）

特别的孩子需要特别的爱

小贾(化名)同学个子矮矮的,但很灵活,爱跑爱跳;他说话声音大,语速快但不清楚,总是不假思索地回答老师的问题,有时引起同学们的哄堂大笑;上课时他如果没有离开座位,那肯定是手里拿着纸要么在折要么在剪;做广播操时他像撒欢的小马随意窜动,同时还会有意碰下身边的同学。这就是小贾同学,一年级×班的活宝。

午餐事件

记得刚开学那会儿,小贾每天都是在老师不断的提醒下吃完午餐,最后一个把餐盘放到餐桶里的。由于他做事莽撞,在放餐盘时总会把汤汁、菜汁洒到外面,有一次甚至把汤汁洒到了前面同学的身上。这对于刚上一年级的孩子来说是能理解的,但是对于他我觉得应该严肃处理,因为他的行为如果不制止,日后可能会经常发生。放学时我就跟他爸爸说了这件事,小贾的爸爸很配合,赶紧要了对方孩子家长的电话,说一定要向那位家长道歉。我同时也跟那位家长沟通了一下汤汁洒在孩子身上的情况，那位家长表示很理解，这件事很顺利地解决了。但我还是继续关注小贾每一天午餐的情况。我发现他每次拿餐盘盛饭和放餐盘时，总是端不平，所以餐盘里的东西才会洒出来。我就教他如何正确地拿餐盘，并给了他特殊权利——抓紧时间吃饭就可以让他早出去玩。我也跟小贾妈妈沟通了这件事，妈妈说孩子从小老人带，什么事都是老人动手，孩子没有锻炼的机会。这件事让家长意识到在家里一定让孩子多动手，多参与活动。在家长的配合下，小贾很快就取得了进步，午餐不再是最后一个吃完的同学，而且可以很快吃完饭，收拾餐盘。

读书分享我能行

有一次小贾妈妈给我发短信，询问小贾在班里跟同学的人际关系情况。从这个细节我发现妈妈很关注孩子的点点滴滴，就给小贾妈妈打电话询问详细情况。小贾妈妈跟我说："小贾跟另外两个孩子打架了，原因是他想跟那两个孩子玩，那两个孩子不仅不跟他玩还想打他。"我就对小贾妈妈说："这件事我不了解具体情况，我首先觉得那两个孩子肯定做得不对，但他们这样说可能也有背后的原因，我们先找到原因，再帮助孩子解决这样的问题。"小贾是个好孩子，但他性格急，做事容易冲动，自制力差，没有特长，每次给予他展示的机会，他都做不到，这些特点导致他做事时总是犯这样那样的错。为了避免再犯错，老师会提醒他，严重时会批评他，同学们总是听到这样负面的信息，也会在心中有一个评价，长此以往，对孩子的发展不利。我把这样的想法跟小贾妈妈委婉地交流了一下，根本目的是让孩子认识到自己的问题，家长和老师帮助他改掉这些坏毛病，老师给予他展示的机会，他好好把握。和家长达成共识后，家长在家多关注孩子，让孩子多读书，而我让孩子在午休时间给同学们讲故事。一次两次，小贾终于能够站在同学们面前展示自己，我再巧妙地引导学生们："每一位同学都有他的缺点和优点，我们要学习别人的优点。"小贾慢慢地有了自信，期末还被同学们评为班里的"热心小明星"。

自我管理我能行

临近期末，作业多了，每次同学们都能按时完成同步练习，而小贾的练习册大部分是空的。我很为孩子着急，但我知道光我着急没用。有一次放学，我就把他留下来写，姥姥到教室来接他，一看班里就剩他一人，也着急了，问我情况，我跟姥姥说了一下。小贾继续写，但他似乎是不会，迟迟不动笔，我想我已经让姥姥知道了留他的原因，也别让老人家在学校等了，就让姥姥带着孩子回家了。晚上我收到妈妈的短信，问我情况，我就跟她说："做练习作业，同学们都能专心地写，而他在那玩，提醒他一下，他拿起笔，等老师不看他就又开始玩了。"她妈妈也说："是的，他在家也是这样，写一下，玩一会儿。注意力很不集中，怎么办呢？"鉴于这样的情况，我觉得家长也是没办法，我就利用我学到的行为分析方法，为他制作了在校上课的行为管理表，每节课都要求他对自己的问题行为进行评价，做到打对号，做不到打叉。这件事在实施之前我跟小贾妈妈作了沟通，并赢得了她的支持，如果这些行为小贾在学校都做到了，妈妈回家给予他奖励，做到一部分也会有奖励。这样连续坚持了一星期，在课堂上已经看到了他的进步，他也能尽力去写作业了，并且在期末考试时语文得了优秀。

上面只是我和小贾同学在班级中经历的个别事件，但从这些事件中，我看到了一个特殊孩子在老师的帮助下正在进步。我想我对他的爱是正确的，对于特殊孩子应该给予特殊的爱！

（中国农业科学院附属小学　王煜曦）

让随班就读学生在关爱中健康成长

罗素曾在《教育与美好生活》中说过:"凡是老师缺乏爱的地方,无论品格还是智慧都不能充分地或自由地发展。"古人云:"感人心者,莫先乎于情。"关爱对普通学生和随班就读学生的成长,都是同样重要。通过关爱,温暖其心灵,让他们在集体生活中健康成长。

今年9月份刚上第一节课时,我就发现一(1)班上有一位胖乎乎的男孩儿,带着微微呆滞的目光独自坐在教室的一个角落,很少与其他同学沟通。我跟他打招呼、叫他回答问题也不搭理,只是拿着东西自己玩耍。通过跟班主任了解,我知道他叫君君(化名),是一名随班就读学生,属于轻度智障生。时间久了,同学们知道了他的情况后,渐渐疏远了他。因为是第一次接触这种学生,所以我也很迷茫,只能仔细观察他的行为举止。上课时,他只是偶尔偷偷看我讲课,并不敢正视我,当他发现我在看他时,他像是做错事的小孩子一样赶紧把头低了下去,自卑感十足。下课后,他还是孤独一人,时不时看到他哭着跑到办公室说:"××同学欺负我,拿我的吃的。"这么大的男孩还哭鼻子，我十分着急和心疼。我尝试着先和家长沟通，想了解了解情况，但是家长好像不愿意提及此事。于是我下定决心，一定尽我最大的努力帮助君君同学。

我知道情感教育是一种复杂的、丰富的精神方面的感化教育，它是以爱为手段，用心去对话。没有爱就没有教育，对于智障生来说，更需要老师深深的爱。我经常会看到君君一个人默默地走在某一角落，于是我把他叫到跟前，"你怎么不和别的同学玩？"他低头不语，于是我又问了一遍。"没有人和我玩，"他接着说道，"我笨。"我一下子明白了，心也为之一颤，他经历了太多的打击，现在只想把自己封闭起来。于是我笑着对他说："你一点也不笨，你看刚才和老师说得多好。再说了，你不理同学，怎么知道他们不和你玩呢？"他刚开始一愣，并停顿一下，慢慢地他抬起了头，瞪着眼睛问我："真的吗？"我笑着朝他点点头。在下一节课上，他终于抬头听课了。接下来的时间，我有空就找他聊天，谈谈他的爱好和理想。刚开始，他都是结结巴巴，后来竟然滔滔不绝地说起自己的理想，说长大后要买好汽车，给我一辆。看着他一天天进步，我欣慰地笑了。

性格的养成，与孩子成长的环境密切相关。当个体在一个主体环境中没有了生活的信心与欲望，那他只能以一种本能的、消极的方式去应对。君君长期一个人待着，再加上同班同学不愿意接近他,渐渐养成了他不愿与人分享的孤僻性格。当他见到同龄孩子时,会产生距离感和陌生感,产生强烈的自卑心理,甚至会出现排斥的心理。于是,我试图从周围的环境入手,让君君感受到大家庭的温暖。上课时,我让君君同学加入小组学习,当听到他读单词正确时,我就让他站起来大声朗读,起初他很害羞,我就问全班学生:"君君同学可以读好,大家说对不对?"当听到其他同学齐声说"对"时,再看看我肯定的目光,君君"傻傻"地乐了。看着孩子那天真无邪的笑脸,我从心底里感到幸福。

智障生有极强的自尊心和极端的自卑感。君君性格内向,比较沉静,但有极强的自尊心,当受到同学奚落时,他的自尊心受到了损伤,他往往会表现出暴躁的行为。于是我努力挖掘他身上的闪光点,帮他逐步树立自信。在与君君接触的日子中,我发现他是个特别善良的孩子。比如进办公室时,他会主动倒垃圾,当我说"谢谢,真是个懂事的孩子"时,他还挺不好意思,但是我看到他眼中闪过一丝光亮。在班上,他关心集体,劳动积极,帮助整理教室,不怕脏和累,于是我有机会就在班上表扬他是个勤劳的孩子,并且说:"老师相信你,如果在学习方面再努力些就更好了,相信你会进步的。"他得到了老师的信任,原本话不多的他,愿意和老师、同学交流了。

实践告诉我们,关爱的力量是无穷的,看着君君一天天进步,我很是欣慰。我更相信:爱心、耐心、热心以及恒心对他这样的特殊孩子尤其重要,同时,我对君君也有足够的信心,我相信他会以积极向上的心态面对生活,因为现在他坚定的笑容足以证明他对生活的态度。

(北大附中香山学校　刘芳)

"多面男孩"

我们班上有一位孩子给我和其他孩子带来了很大困扰。平时他是一个爱动的孩子，也是一个淘气的孩子，最让我困扰的是我发现他不会表达，总是好心办坏事。有一次课间操刚刚结束，班里有几个孩子想要偷偷跑回班，他发现后立刻进行阻止，可是由于他的方式过于猛烈，不小心把其他同学抓伤了。其实他很有正义感，看到其他同学犯错了，很勇敢地去制止或强调，但是方式比较粗鲁暴力，所以同学们对此并不能接受。老师说他，他也不太懂，觉得自己明明是为了大家好。与此同时，他也经常犯错误，但是从来看不见自己的问题，只能看到别人的错误，给我的班主任工作带来了很大的难题。

为此，我翻阅了相关书籍和视频资料，终于在学习优秀班主任微课"学生不良行为的处理"中受到了很大的启示，从这位老师身上，我发现了一种情怀，一种爱与理解的教育力量。这位老师在处理问题时，不是简单粗暴地冷处理，而是循循善诱地反馈指导。这是一位充满爱和智慧的老师。

所以，在接下来的日子里，我尝试着尽量站在这个孩子的角度上去处理问题,去了解他真实的想法,慢慢教他怎么解决问题。同时和家长的沟通也是很有必要的,我经常和他的妈妈沟通。他的妈妈也经常向我诉说她的困扰,她觉得没有办法,也很无力,她对班里那些被她儿子教训过的同学深感抱歉,所以她经常和我一起想办法。

现在,当他出现问题时,我不会先否定他,而是选择聆听,先顺着他的思路和想法去交流,然后顺势引导,让他自己去发现矛盾之处。有时他会尴尬地一笑,有时会先向我承认错误。慢慢地,他也有了点点进步,犯错的频率也比以往少一些,这让人很欣慰。但是,离他彻底改变还有很远的路要走,我要和家长一起肩并肩,陪他改掉不好的毛病。

(海淀区西苑小学 刘倩)

未见其人　先闻其名

小唐（化名），男，现年10岁，北京市海淀区前进小学四年级学生。他胖胖的身材，圆圆的脑袋，胖嘟嘟的脸上嵌着一双乌溜溜的大眼睛，一笑起来眼睛就眯成了一条线。

他是全校老师提起来就摇头的学生，学校的保洁阿姨和保安全都认识他。我产假结束返回学校，未见其人，先闻其名、听其事。上课期间随便出来溜达对他来说是习以为常的事，他在课堂上没完没了地说话影响别人，骂前任班主任，欺负比他弱小的同学，破坏学校公物……

这到底是个什么样的学生呢？听前任班主任告诉我，他有阿斯伯格综合征。通过上网搜索，我对这个名词有了基本的了解。阿斯伯格综合征（Asperger syndrome），是一种主要以社会交往困难、局限而异常的兴趣行为模式为特征的神经系统发育障碍性疾病，相较于其他孤独症谱系障碍，仍相对保有语言及认知发展。阿斯伯格综合征人士经常出现肢体互动障碍和语言表达方式异常等状况，但并不需要接受治疗。简单点说，小唐智商和其他孩子差异不大，而情商较低，不能控制自己的言行，以自我为中心，和别人在沟通上有些问题，不能遵守游戏规则，上课基本不听，作业基本不写。

这些都是网上了解到的和听别人说的，真实的小唐是一个什么样的学生呢？

初次见面

2015年8月31日，全体学生正式返校报到，我新接手了这个班，成了传说中的小唐的新班主任。

一进班，班里大部分学生都很乖，希望给新老师留下一个好印象。我一眼就看到教室后面角落里的小唐，他靠在椅子上，书包放在桌面上，侧着脑袋一脸严肃、微皱眉头地盯着我，如果事先没有听说他的事，我还觉不出他有什么异样，只是觉得这个学生有些散漫。嗯，还不错，至少没有传说中的唠叨，看来还是希望给新老师留下好印象的，我心里这样想。

接下来收假期作业，统计交作业人数，记录没交作业的原因，他都那样坐着看着我。"呵！在观察我！"我心里说。到了学生中间休息、上厕所的时间，他挪到我面前，问："你是从哪儿来的呀？我怎么没见过你？"

我很平淡地说："我一直在这个学校。中间有事离开，现在又回来上班，你有事么？"

"你教我们数学，对么？"他问。

"嗯"。我说。

"那我得考考你，看看你行不行！"他很认真的样子。

"好啊！说吧！"我说。

他想了想说："你知道开平方么？"

"我当然知道了。"我说。

"那你说$\sqrt{4}$是多少？"他问。

"2。"我说。

"$\sqrt{9}$呢？"他又问。

"3。"我说，"你问这些都太简单了，我问你，你知道$\sqrt{144}$是多少吗？"

他愣了一下，说："不知道。"

"我知道，是12。"我说，我又接着说了$\sqrt{121}$、$\sqrt{169}$，他都不知道，我说："开平方太小case了，还有开立方呢，还有开n次方呢。"

"真的？"他问。

"那当然了，我知道的数学知识多着呢！"我说。

"那么厉害，你从哪里来的？是教育部吗？"他问。

"你觉得呢？"我反问。

"我觉得像，"他说，"不过我还得再考考你。"

"好的，把你认为最难的题目拿出来。"我说。

他说:"你知道 27 开立方是多少么?"

"3。"我说,"这个就是我刚才说的开立方根。"我又举了几个例子。

他看着我说:"老师,你和以前的老师不一样。"

"哪里不一样?"我问。

"你知道得多。"他说。

"你知道得也挺多的,你都了解到开立方根了。"我说道。

他点点头,回去了,边走边回头看我。

接下来的两天,他又来问我一些他认为的所谓的难题。这些当然难不住我了,我又反过来追问他,让他毫不怀疑在学识上,我比他知道得多。这一招还是比较成功的,至少在学识上他服我。第一次交锋就这样告一段落。

人们都说:"亲其师,信其道。"而对小唐来说是"信其师,所以信其道"。所以,为师者在当今信息发达的社会,要不断提升自我,要让学生问不倒你,这样学生才会信服你!

午饭风波

"我就是没拿酸奶,你非要说我拿了,我打死你!"我在教室让学生排队打饭,门口传来了小唐的咆哮声和歇斯底里的叫喊声。立刻有学生向我汇报,小唐和送饭的叔叔吵起来了,还要打小杨（化名）同学。

我赶紧出去把小杨拉到我身边，可小唐居然冲到我身边挥着拳头还对他大声喊，我让小杨赶紧回教室。可小唐却像一头发了疯的小狮子，拦也拦不住，说他也不听。班里的学生对此议论纷纷，围观的学生也一大堆。见劝说阻拦无用，我让别的老师拦着他别让他进教室，马上给他爸爸打了电话，让他到学校来一趟。

他见我打电话，哭喊声更厉害了，边哭边说："爸爸，他们不让我吃饭，还打我。"他爸爸一听问我怎么回事，我说："事情不是小唐说的这样，三言两语也说不清，孩子情绪现在很激动，你赶紧过来吧！"家长很快就过来了。我还没有开口，小唐就说别人招他，老师不让他吃饭。家长脸上表情有变，对我说："我们不能全信孩子，但也不能不信孩子，他不止一次说有别的孩子招他，我们家长都劝他大度，忍着点。"我立刻意识到家长对我有意见了，话里透着我对他家孩子不管的意思。我的心当时就凉了，平心而论，他一个人耗去了我一天上班的大部分精力，时间几乎都用在处理他的鸡毛蒜皮的小事了，一腔热情换来的是家长的误解，太伤心了。可事情还得处理，误会还需消除，要不以后工作起来就更难办了。

"孩子们在吃饭，咱们到这个屋来说。"我把家长请到沟通间，让小唐把事情叙述了一遍，然后我说："你说小杨招你，怎么招你了？"小唐说："我向叔叔要酸奶，他说我拿了。""他只说了一句，对么？"我问。"嗯。"他点点头。我看了看他的家长，问小唐："还有别的要补充吗？"他说："没了。"我让他回办公室待着，毕竟办公室还有其他的老师，他在那里待着我比较放心。他出去了，我对他家长说："今天让您来，是因为孩子情绪实在太激动了，事情他说了一遍，基本就是这样。只是我让小杨回班后，我在班里说了小杨，小唐拿酸奶可能没喝又放回去了，你看到的只是拿酸奶而不是喝酸奶，所以不能确定他确实拿走喝了，没有看到事情的全部就不能妄下结论，更不能只盯着小唐不放。不让他吃饭是因为他太激动，要冲到班里打小杨，所以没让他进去，等他情绪缓和了再吃。"

家长点点头，说："他的脾气我们知道，可别的孩子老招他。"我当时就问："什么是招他？什么叫招？像今天小杨只说了一句他拿了，小唐就不依不饶，您觉得这是别的孩子招他吗？"家长不说话了。我说："孩子对事情对语言的理解有限，特别是小唐很敏感，您做家长更不容易，更需要给他一些明确的界限和正面的疏导。'招'这个字，小唐的理解就是别人都不能说他，不管对错，这样的理解是有问题的，所以我建议您在家里不要说"招"这个字了，有什么事就说什么具体的事。还有，在学校如果和别人发生矛盾，您在家里不要老教他忍着，因为事情总是要宣泄或者疏导的，您让他告诉我，我会处理的。他以前之所以觉得我处理不公，是因为像今天这样的事情太多了，别的孩子只是正常说了一句，他就认为是针对他，我简单地说那孩子两句还不行，还必须把人家家长找来，这可没道理啊！"

家长陷入了沉思，我接着说："我建议您和他交流时不要用负面的词或流露出负面的情绪，耐心听他说完，给他合理的建议和方法。毕竟他还是孩子，以正面引导教育为主，有什么问题，咱们随时联系沟通。"

我又听家长说了很多小唐在家里的表现和他们家长的无奈。是啊，普通淘气的孩子在家里一发脾气家长可能都会烦，别说像小唐这样的孩子了，我能理解他们。

做班主任，真的有很多琐事需要与家长沟通，沟通需要技巧与耐心，特别是对特殊学生的家长，需要更多的技巧和耐心！

（海淀区前进小学　庄晓洁）

第五说
孩子，我不让你掉队

特殊教育需要学生也有接受教育的权利，也有参与集体活动的权利，也需要老师和同学的关注与爱，也有表达自己和展现自己的愿望。在海淀区的中小学中，我们有优秀的校长，有敬业的教师，有可爱的同学们，他们伸出援手去帮助特殊教育需要学生，让他们能上学，让他们能学知识，让他们感受到同学的友情，不让他们掉队，尊重他们，爱护他们。

"一个都不能少"
——西二旗小学特殊教育侧记

西二旗小学有一位好校长，她的名字叫李春梅。这位校长几乎对学校里每个孩子的性格、特点都了如指掌，如数家珍，谁乖巧文静，谁属于"淘气包"，李校长都很清楚。平时，李校长一有时间便会走进班级给孩子们上课。发现问题并解决问题，是李校长一直在做的事情。西二旗小学哪个班级出了小问题、发生了小事件，李校长都会密切关注并指导班主任解决。

教育中一个很重要的环节是发现。用心去发现并寻找教育契机，便能最大限度地做好教育工作。在教育一线担任语文老师的李校长常常通过发现找到教育契机，并将这些经验用言传身教的方式传递给其他老师。李校长特别重视学生的思维发展，学生进行思维拓展课程，李校长总是克服各种困难拨冗参与。在一些人眼里，有些工作并不值得列入一名校长的日常工作范畴，但正是这些平凡的点点滴滴，才折射出了李校长的不平凡。她爱西二旗小学，爱老师们，更爱孩子们。"爱满天下"的西二旗小学，因为有李春梅这样的校长引领，整个学校洋溢着暖暖的人情味。

西二旗小学的校训是"我是一面旗",李春梅校长也是一面旗。这面旗在飘扬的过程中,不仅关注着普通学生的成长成才,也密切关注着特殊学生。

学校里有这样一名学生,从一年级入学时就跟其他学生明显不同,上课从不听讲,不爱跟同学玩,不爱与老师交流,经常上着课便走出教室,在升旗仪式时离开班级队列,严重的时候还会钻到暖气片底下……有班级管理经验的老师一看便知,这很可能是一名有特殊教育需要的学生。

学校里有一名特殊的学生该怎么办?李春梅校长迅速了解这名学生的全面情况,并在学校会议上明确提醒各位老师:"对这样有特殊教育需要的学生绝不能置之不理,也绝不能'戴帽子',要更加关爱他们。因为每一个孩子都是我们的宝贝,一个都不能少!"

李校长铿锵有力地表达了她的观点,更身体力行地对这个孩子表达细致入微的关爱,在较长时间里,李校长对这个孩子的照顾不亚于孩子的班主任。久而久之,孩子把校长当成了最亲近的人,经常主动来找她。又过了一段时间,李校长惊喜地发现,这个曾经"与世隔绝"的孩子愿意跟她吐露心声了!

为了更好地教育和培养这个孩子,李校长主动进行家校合作的摸索,直接与孩子的父母建立起联系,和家长们共同实现对孩子的辅导。家长一开始很意外，时间长了，更多的是感动。

只要功夫深，铁杵磨成针。经过较长时间的家校互动与通力合作，孩子的妈妈发现，孩子真的变了。孩子妈妈反馈："目前孩子发展得很好。"为了表达对李校长和西二旗小学所有老师的感谢，孩子奶奶每年端午节都会亲手包粽子送到西二旗小学，从未间断。作为一校之长，大事小情不断，李校长能在百忙之中不断发现问题并及时有效地采取措施去面对和解决问题，将育人工作做到每一个学生，这种精神让她所在的学校的老师们也深深感动。

特殊教育所面临的"问题学生"很多并非真的是学生有生理、智力等方面的缺陷，而是在此前的教育过程中某些环节处理不当，使学生在一些事情的处理上显得与普通学生有些不同。面对这种类型的学生，如果能遇到李春梅校长这样的好校长，如果能遇到西二旗小学关怀着学生成长并积极主动帮助学生及时纠偏的班主任和老师们，特殊教育的未来将会更加光明。西二旗小学的这位学生是幸运的，当我们写下李校长的故事时，我们也期待更多的"问题学生"能像这位学生那样幸运，也期待更多"问题学生"的家长们能与学校通力合作，为了孩子们的美好明天共同努力。

"一个都不能少！"西二旗小学李春梅校长如是说。李校长和她的团队,为我们树立了特殊教育的一面旗帜。这面旗帜飘扬的背后,是老师们的默默付出;这面旗帜飘扬的前方,是孩子们的一生幸福。

(海淀区清河学区管理中心　贾斌)

不能少了"您"的爱

放学的路队浩浩荡荡地到了学校大门口,在接孩子的人群中,一位男家长满脸的怒气,两眼紧盯着我们班级路队走出来,那眼神似乎要把谁从队伍中揪出来似的。这不是小爽(化名)的家长吗?今天这又是怎么了呢?我的心里不停地猜测着,感觉好像有什么大事要发生了。

路队刚走出学校大门,小爽的爸爸立刻揪住班级中的小雨(化名),只见他怒目圆睁,大声吼道:"你又打我们家小爽,我告诉你,这已经不是第一次了,老这样欺负人,这是校园欺凌!老师也管不了你……真不知道你这孩子是怎么回事?……"小雨已经被这个突如其来的吼叫吓傻了。我赶紧一把搂过小雨,对小爽的爸爸说:"您别急,有事咱们好好说。小爽哪里被打了?要紧吗?""打了他的后背,倒是没有什么事!就是不能打我们,我的孩子老实,不能老受欺负!"我赶紧批评了小雨,让小雨道了歉,并且保证不再欺负小爽了,事情才算暂时平息。小爽的爸爸临走前撂下一句话:"这不算完,再有下次谁都别想好过……"

回到办公室,我的思绪不断地翻滚着。这样的事情已经不是第一次发生了,但是小雨似乎从没有受过教训,过不了几天依然会以开玩笑的方式欺负小爽。小爽是班中的特殊孩子,有孤独症倾向,不能和同学正常交流,对于一些很平常的男孩子之间玩闹的活动不能理解,都会认为是欺负他。我经常教育班级的孩子要理解他,尽量和他友好,不开过分的玩笑。而小雨呢,也是班中的特殊人物,有多动症倾向,经常会招惹班级的同学,和同学开玩笑,一旦言语不合就会动起手来。为此他妈妈已经和我交流了多次,采取了多种措施,但是收效都不大,现在也正在为他进行医学治疗。两个孩子真的是"冤家",毫不相容,有这样的两个孩子,真是对我这个班主任提出了极大的挑战。我已经在班中教育其他孩子要理解、包容、爱护这两个孩子,孩子们都非常理解,能和他们融洽相处。而这两个人之间的矛盾该如何解决呢?

经过几天的冷静思考,我认真分析了事情的原因。其实,小雨并不是真的欺负他,只是逗他玩,看到小爽着急、尴尬的样子就高兴。而小爽被戏弄之后会很不高兴,找不到更好的解决办法,就会告诉爸爸自己被打了,被欺负了,小爽的爸爸爱子心切,便有了这样强烈的反应。有这样的反应也是正常的,他看到了自己孩子的不悦,并不知道小雨也是一个"特殊"的孩子，需要更多的理解和包容。我觉得有必要和小爽的爸爸交流这些情况。

一个下午，小爽的爸爸如约而至。我就小雨和小爽的情况与他进行了详细的交流。"小爽被欺负，这是小雨的不对，作为老师和他的家长已经在努力地教育和帮助他改正自己的毛病了。对于他的教育确实是老师和他的家长的事，但是，对于这样一个'特殊'的孩子，也少不了'您'的爱呀……"我把小雨的病情一五一十地与小爽的爸爸进行了沟通，希望能得到他的宽容和理解。经过两个小时的交谈，小爽爸爸终于理解了："没想到，这个孩子和我的孩子一样都需要包容，都需要更多人的理解和关爱呀！"听到小爽爸爸这样的话，我心里的一块石头总算落了地。

接下来的日子，我加强了对这两个孩子的关注，尽可能地缓解他们之间的矛盾，教育小雨要会包容、关爱有特殊教育需要的同学，要有爱心，教他如何与小爽进行友好的交流。

这一天下午放学，我又一次见到了小爽的爸爸。没想到的是，他正笑着对小雨说："这两天你们交往得怎么样呀？不欺负人就好。你们都是同学，是好朋友，要团结友好……"还不时拍拍小雨的肩膀。小雨也笑着说："我们这些天玩得很好，没欺负他……"看着眼前这样和谐的一幕，我由衷地感到欣慰。

"他也少不了'您'的爱！"这句话或许起到了巨大的作

用。一个特殊学生的成长,不仅仅需要自己的家长和班主任的关怀与爱,他也需要班级中其他家长,甚至是社会的理解与包容。我们应该向全社会呼吁,关心、善待身边的特殊学生,他们同样少不了"您"的爱。只有这样,这些学生才会更健康、更愉快地成长。

(海淀区西苑小学　甄红贤)

绘本剧背后的故事

端午节前,我根据绘本创作出五幕绘本剧剧本,设计了角色、台词、动作,加入了和端午节有关的儿歌、习俗、故事、音乐等多种元素。按照惯例,全校性的大型演出都是由老师安排小部分能歌善舞、能说会道的学生参加。在艺术方面并没有突出能力的特殊学生根本不会有机会参与,但是班级的重大活动如果缺少他们的参与会很遗憾。参与集体活动,特殊学生才能够感觉到自己身在其中并被同伴接纳,普通学生和特殊学生之间能够增进了解和交往互动。平等参与意味着每个人都具有同等的价值,不剥夺任何一个孩子参与的权利。每个学生都渴望自己能够参与集体活动,参与让孩子感到快乐。

台湾方素珍老师创作的绘本《好耶!胖石头》给了我们启示:小猪仔要上台表演了,猪爸爸和猪妈妈很兴奋地到场观看小猪仔的表演。可是,小猪仔扮演的不是王子,不是公主,也不是国王,而是一块胖石头。小猪仔还开心地告诉爸爸妈妈,老师表扬我演得很好。小猪仔天真可爱、幽默风趣的话语让我们豁然开朗，试着从儿童的角度去看待演出对于他们的意义：重要的不在于是否扮演主角，而在于参与其中，得到他人的认可。参与能够让学生感到满足和自信，唤起学生尊严。

于是，我很快调整思路，所有学生参与绘本剧中小动物动作的模仿练习，全班学生共同参与角色的挑选。每个学生都认真投入到动作练习中，为自己争取表演的机会。选好演员以后，我再做分工，确保每个学生都有明确的任务：朗诵端午儿歌、主持串场、剧务、后台音响师、道具管理等等，充分信任学生，让每个学生都参与进来，每个学生都得到锻炼的机会，培养他们的自主意识和能力。让学生在参与中学会交往，在参与中学会坚持，在参与中享受快乐。排练时间都是安排在中午、下午或者周末的休息时间，没有一个学生想要放弃，一句台词、一个动作都要经过无数次的斟酌和练习。

小雨（化名）平时喜欢电脑，熟悉多媒体的播放，因此我将后台音响师的重任交给他。参与演出的排练让小雨非常自豪："因为老师给我安排的是我最擅长的事情。"小雨坚持在自己的岗位上播放背景和音乐。他在后台看不到舞台的演出，于是仔细辨别串场主持说话的进度，做到每次准确、及时播放多媒体，实现和舞台演出的无缝对接。这对于一个有注意力缺陷多动障碍的儿童是个巨大的挑战任务，他做到了。

小文（化名）行为刻板，做事认真，就负责管理道具——

小背篓。排练休息的时候,他背着小背篓开心地走来走去,和同学一起练习儿歌时,同学协助他拍手打节拍,自然而及时地提醒他节奏,让他努力跟上儿歌的节奏。谁能相信他是个有孤独症的学生!

演出时每个学生都精神百倍,精彩的表现让在场的观众由衷地感到赞叹!台上十分钟,而台下是我们三个学期坚持绘本讲读的努力,是教师、家长和学生亲密合作的结果。全班参与,让每个学生受益,我们用实际行动践行了融合教育的理念。

(中国农业科学院附属小学　王燕华)

伴随着爱　走进他的世界

孤独症作为一种由大脑病变所引起的综合征，其主要症状表现为：（1）社交困难，缺乏与他人的情感交流，对外界刺激无动于衷。（2）言语发育迟缓，在社会交往中很少使用言语，即使使用也多为模仿言语、刻板言语，言语奇特，可懂性差。（3）刻板行为或仪式性行为。

在我所教的班级中，有这样一个男孩，一个看起来帅帅的，始终都会对你视而不见的男孩。也许你会认为他是一个高傲、耍酷的男孩，其实不然，他是一个来自星星的孩子——小马（化名）。小马不会与人交往，经常沉浸在自己的世界里；喜欢看书，戴着眼镜像个小博士；他的刻板行为严重，一旦事情没有按照他的思维方式进行，就会失控。

如今小马上五年级了，已经从刚入学时的完全无法与他沟通转变为现在可以与他作简单的交流，只是刻板行为还是很严重。在与他一起走过的四年半的时间里，我感受着他的成长、他的进步。

英语的学习，读书很重要，平时课间我都会在教室里抽空检查学生读书。一个偶然的机会，我发现其他学生在排队读书时，小马也会凑过来，我就借此机会问他："你要读吗？"他没有回答，却跑回座位去拿书，然后就不管其他排队的同学，把书放在我面前自顾自地读起来，即使发音不准确，但还是能够听出来说的是什么词句。而更奇妙的是，书是打开的，小马却不看上面的文字，完全是背下来的状态。起初我以为是家长下了很大的功夫在家里单独指导，后来从与家长的沟通中发现，他都是在学校学会的。也就是说，尽管平时上课他都是在鼓捣自己的事情，耳朵却发挥着大大的作用。你永远感觉不到他在听讲，他却把你讲的内容大部分都记住了，他有超强的记忆力，真的是一个了不起的孩子。

还记得有一次学校开运动会，小马坐在队伍后面没事干，我就问他："咱们一起玩个游戏好吗？"他没有回答却露出笑脸。于是我就叫了班里另外一名学生过来，我们三个人一起玩"paper scissors stone"的游戏。我先跟那名学生说明规则，输了的要回答一个问题，然后我们就开始给小马做示范：

老师和学生一起说：paper scissors stone!

赢了的问：Where are you going?

输了的回答：I'm going to the ...

小马非常聪明，看了两遍之后就可以参加游戏了。

我们的游戏就这样开始了。当他输了的时候我们会问"Where are you going?"他就高兴地说出:"I'm going to the ..."而且还会说出不同的地点,我都会称赞他。整个游戏过程能够感受到他非常快乐。

从那时起,我就经常在课堂上关注他,即使他上课不会与老师和同学们有任何互动,却偶尔会在我讲课的过程中说出和我课堂相呼应的话语。一旦出现这个情况,我就会抓住时机,让他说一说并给予鼓励,而且有时他在说完之后还会问:"我很棒吗?"这时我会称赞他"你真棒",班里的同学也会给他掌声,听到鼓励他也会很开心。

对于他的视而不见,我会迎着他走到他的前面。以前走在他的前面他会绕着我走,后来他看到我之后先是站在原地一动不动地看着我,我问他:"你跟我打招呼了吗?"他会说:"老师好",然后飞快地跑掉。现在如果没有他自认为着急的事就不会马上跑掉了,有时还会抱抱我。

每个学期我们都会有几个小练习,小马原来从来不做,现在反而非跟同学一起做不可。每次做完他都会单独交给我,并且必问的一句话就是:"我做得好吗?"我都会先看看他的练习卷再回答:"你做得很棒!"同时拍拍他的肩,看到他美美地跑回座位,我的脸上也会露出笑容。看到他点点滴滴的进步,我真的为他感到高兴。

面对这种特殊的孩子，作为老师的我们，应该做到全身心接纳，摈弃一切成见，投之以真诚、持之以恒的爱；同时帮助他们从身心上接纳教师，从而双方在身心上互相接纳，建立稳固的依恋关系，帮助他们健康、快乐、幸福地成长！

（海淀区永泰小学　赵冬莉）

让折翼的天使插上翅膀

我们班的佳佳（化名）有阿斯伯格综合征。她的言行举止总是让人觉得"怪兮兮"：常把别人一句玩笑当真；课上有时会突然大叫一声来吸引别人的注意。开学伊始，陆续有学生向我告状，今天是明明："老师，佳佳老摸我的头。"明天是赫赫："老师，佳佳拽我衣服。"……几乎每天都有学生跟我哭诉佳佳对他们的过分行为。因此，学生们像躲着怪物一样，离她远远的，被同学孤立的佳佳整日郁郁寡欢。

没有同伴的童年就像没有阳光的黑夜，是多么孤独！

怎么办呢？看着佳佳无辜的眼神，我决定改变这种现状。我针对佳佳的问题成立了课间游戏互动小组，我和学生们轮流跟佳佳做游戏。在活动中我与佳佳接触的机会也多了起来，佳佳因此也对我亲昵了许多，我一出现她就会跑过来拉住我的手："老师，咱们来比赛吧！"从此以后，课间时再也不见佳佳孤独的身影，取而代之的是同学们跟她一起热热闹闹、有说有笑的场景。当然，再也没有人跟我告状了。

阿斯伯格综合征人士小脑发育迟缓，手脚协调能力差。在我们看起来很简单的动作，佳佳都要在我和同学的帮助下才能完成，如果能把这个问题解决就好了。有一天，我看见佳佳的鞋带开了，我刚要弯腰给她系上，突然转念一想，这是个锻炼佳佳协调能力的好机会。我没有像以往一样给她系鞋带，而是蹲下来耐心地说："我教你，你要努力做呀！"我一遍遍地教，佳佳一遍遍地做，并且嘴里不断地念叨："努力做，努力做！"费了一番周折之后，佳佳终于系上了鞋带。看来只要耐心一点，孩子还是可以学会的。以后，每一次上操的时候，我都会要求佳佳跟其他同学一起做动作。开始的时候她很不情愿，天冷的时候她说手凉，天热的时候她嫌太阳晒，我每次都耐心地陪在她身边，跟她一起努力完成动作。十月份全校进行广播操比赛，佳佳找到我："老师，明天的广播操比赛我能参加吗？"我说："能，只要你努力做！"佳佳高兴极了，这是她上小学五年来第一次参加广播操比赛，在比赛中佳佳一边努力做着动作，一边说："努力做，努力做！"为了增强佳佳的动作协调能力，我们班还专门组织了"跳绳队""踢毽子队"，不仅锻炼了佳佳的协调能力，更使我们班级学生的体质健康上了一个大台阶。

现在的佳佳，很多事情都已经不用我和同学们帮忙了。有一次我值饭班，刚学会打饭的佳佳，执意要打两份饭，我们都迷惑不解。佳佳打完饭,却端着盘子朝我走来,她说:"老师,这是给您打的饭!"她努力使饭盘保持平衡,眼神里透着骄傲和自豪。我接过她手里的饭,心里充满了感动和温暖。

有人把有阿斯伯格综合征的孩子比作折翼的天使,我却想为她插上飞翔的翅膀。每个孩子都是独一无二的生命,无论是阿斯伯格综合征儿童还是普通儿童,都有他们的特点和问题。接纳他们的生命本色,给予他们支持,帮助他们建立自信,和他们一同成长,将是我一生要学习的功课。

(海淀区八里庄小学　尹秋实)

用专业的心做助人的事儿

很多人会问：什么是资源教室？

很多人会误以为：资源教室就是把特殊学生聚在一起形成一个班级。

这些疑问和错误的认知，具有很强的代表性。这告诉我们我国的随班就读融合教育还处于起步阶段，需要我们这些教育工作者做出更多的努力，让广大师生和家长了解相关专业知识，并且接纳特殊学生。

我自己将资源教室比喻成一块磁铁，它可以吸引所有关注特殊学生发展的力量，孩子的父母、亲人，学校的领导、任课教师、同学，特教中心及相关训练机构等等。它将这些人聚集在一起，从而更好地了解特殊学生，协调并统一大家对特殊学生的教育目标，并且持续给予专业的支持。下面是发生在我校资源教室的一个真实案例，希望以此和大家共勉。

小红（化名）是一个很容易让人记住的孩子。新生入学时需要孩子和家长带着相关材料来学校报到，那天小红就吸引了负责招生的刘校长的注意。她长得不高，在女孩子中属于略微偏瘦的，小小的眼睛，眼距有一些偏大，鼻梁略微有些低，会有些让人联想到唐氏综合征的国际脸谱，但是没有那么像。有着特教敏感度的刘校长就和家长多聊了几句，不出意外，小红妈妈介绍孩子是早产，身体各方面发育都比其他孩子要慢一些，希望学校这边可以多照顾一下。就是因为家长的坦诚，刘校长在分班时特别照顾小红，把她安排在了善于处理个别生问题的班主任班里，同时告诉作为资源教师的我多关注这个孩子。这些事情我们都是悄悄进行的，既没有告诉学生家长，也没有告诉班主任，因为我们并不想让任何人觉得我们为这个孩子贴上了标签，去标签化是资源教室工作的一大重点，不仅仅是从形式上更要从实际中做到。不告诉班主任，是不想让老师对孩子形成预期的偏见，在空白的认知中老师会发现她的优点；不告诉家长我们特殊的安排，因为我们能够体察到作为一名特殊孩子的家长，对于孩子的任何特殊都是那样的敏感，他们希望自己的孩子可以淹没在普通孩子之中，他们的心会比普通孩子的父母更脆弱。资源教室要将助人从有形化为无形，有形的帮助容易让人感觉像是从上而下的施舍，无形的帮助可以让人感受到自己被尊重。

　　作为资源教师，我并没有急于去干预小红这个个案。班主任是我们资源教师可以依靠的最大支柱，当你去观察很多有经验的班主任带班时，你会发现他们也许没有那么多的教育学理论，但是他们有非常丰富的班级管理实践经验，他们注重学生间的个体差异，也注重整个班级包容、接纳的氛围。很多特殊孩子就是需要这样"融合"在普通班级中，他们最好、最终的归宿是班级，而不是被隔离开进行一对一的教学。幸运的是，小红的班主任李老师就是这样一位有经验的班主任。

李老师在12月份来到资源教室寻求我的帮助，因为她与家长的沟通遭遇到了瓶颈。根据李老师的观察，小红特别热心，在班级中跟同学相处得很好，上课也愿意跟随老师听讲，但是听课质量不佳，学习成绩一直不理想。平时测验她考不及格时李老师都会悄悄地不写分数，单独和妈妈沟通，并且个别指导回家复习的方案和方法，家长非常信任老师。但是现在一学期过去了，小红的成绩没有提高反而越考越差。李老师有些疑虑，想让家长带孩子去进行智商筛查，但是又怕家长因为这个提议怀疑老师是不是排挤小红，她希望通过第三方资源教师给出这个建议。

接到李老师的求助，我首先找到小红的任课老师们了解情况，做到心中有数，然后进班随堂听课，观察记录小红的真实课堂表现，最后我用课间时间和她交谈，和她交朋友。这样处理个案会让我耗费很多时间，但是我知道这是非常必要的，对孩子细致的观察、充分的了解，是我们与家长沟通的不二法宝。"教育是一棵树摇动另一棵树，一朵云推动另一朵云，一个灵魂唤醒另一个灵魂。"

通过大量的前期工作，班主任李老师和我一起与小红的家长进行了两次个案研讨会，家长的心态从开始的紧张、焦虑、否认转变为平和、认可、接纳，前期的充分铺垫使得后面的工作水到渠成。李老师预设下学期为小红单独召开一次班队会，让她把自己的才艺展示出来。爸爸妈妈也接受了孩子轻度智障这一事实，摆脱眼前考试分数的纠结，转而从职业生涯的角度规划女儿的人生，变化教育目标后他们发现有很多职业是小红未来可以去从事的。"山重水复疑无路，柳暗花明又一村。"假期我在微信朋友圈中看到小红妈妈带着她去国外度假旅游的照片，妈妈不再害怕女儿出去后被别人指指点点，母女的笑容都很灿烂。这时我发现心态的改变会让人焕发出新的光彩，这是一个多么美好的开始。

资源教室不局限于一间屋子，资源教师不局限于一个人，学校的一切人、事、物乃至社会的一切皆是资源，你的心有多大，资源就有多广阔。

（海淀区万泉小学　佟会敏）

为孤独症儿童打开一扇通向世界的窗户

连续几天早晨在楼道晨检，我总会看到一个白白的小男孩，低着头沿着墙边慢慢地走进自己的教室，随后，我了解到这是个孤独症孩子。他不和任何人接触，总是静静地守着自己的世界。在孤独症儿童的世界里，一切都是封闭的，这个孩子的世界也许不是苍白的，但是作为老师，我是不是该帮助孩子打开一扇通向世界的窗户呢？

从接触特殊教育以来，为了能够真正有效地帮助到这些有特殊教育需要的孩子，我在不断学习相关的专业理论知识，工作再忙我都尽全力抓住机会认真努力地学习和实践。

看到这个孩子，我找到班主任了解孩子的情况，和家长交流沟通，共同设计个别化教育计划，找到相关的任课教师，向老师们传授孤独症常识和教育方法。而我自己每周都会设法抽出时间给孩子上社交课程。

由于孩子从小和人较少接触，家长又不懂这方面的知识，所以，尽管孩子已经上了中学，但是他从来都不和别人沟通交流。家里是父母揣摩着孩子的想法给他帮助，事无巨细，给予无微不至的照顾，使孩子对外界的交流少之又少，连起码的生活自理和社会交往都不会。我决定帮助这个孩子提升社会交往能力，使他将来能融入社会。

特别是学习了 ABA 课程以后，我更是利用学到的系统知识对孩子进行行为分析和训练。我们从目光对视训练开始，到问好、我的家、我是小小售货员、买票等过家家的角色扮演游戏，不厌其烦地一遍又一遍地进行练习，往往是今天学习完了，明天又忘了。我利用一切可利用的资源，抓住所有机会进行强化，我让孩子周围所有的亲人、朋友、同学、老师知道我的训练进度，我利用所有的机会教授这些人应该怎么做。当别人不理解时，我像祥林嫂一样地跟他们一遍遍强调这些训练对孩子有多重要，甚至当家长都要选择放弃的时候，我不断地鼓励家长，帮助家长运用科学的方法和我一起帮助孩子成长。

所有的付出都会有收获，只要我们默默地做到静待花开，我们期待的总会到来！在每天清晨的校门口，如果你看到有一个小男孩慢慢地用目光看着老师，弱弱地说一句"老师好！"的时候，那就是这个来自星星的孩子到校了。

现在，每天的训练课是他最渴盼的时刻。这个在家长眼中已经被放弃的孩子，通过我的努力，已经能和我一起互动，不仅有目光对视还有简短交流。如果哪一天你在超市里看到一位高高的、白白的中学生在行动迟缓地采购物品，慢慢地和收银员交流，也许就是这个开始尝试着融入社会的孩子。

（海淀区教师进修实验学校　闫文利）

第六说
孩子，你别着急

有特殊教育需要的孩子，和我们身边的孩子是一样的，他们也在父母的精心呵护下慢慢成长，他们跟普通孩子一样，是自己父母的掌上明珠。这一类孩子，和我们身边的孩子也是不一样的，他们的童年没有快乐奔跑、追逐打闹的欢乐时光，他们的一生都沉浸在身边劝慰的"慢一点"、"没关系"的细密包围中，奋力地缓慢成长。他们需要我们更多的爱，他们被称为"慢飞天使"，在天空中慢慢飞，慢慢飞……

孩子，你慢慢来

明代学者章溢早就说过："乐与苦，相为倚伏者也，人知乐之为乐，而不知苦之为乐。"每每和朋友谈论工作时，她们挂在嘴边的就是："当老师多好啊，一年有两个假期……"我摇摇头苦笑，她们哪知这两个快乐的假期，是我们用辛勤的汗水换来的。我们不仅仅"传道、授业、解惑"，我们还要对各种各样的孩子因材施教。

万平老师说："教育是教师与学生'零距离、多角度、全方位'的生命互动，我们唤醒心灵，我们期待成长，我们引导生活，我们创造可能，我们弥补缺失，我们给予力量，我们成全孩子，成就自己。"万老师向她的学生传递了温暖，让学生们感受到了温暖带来的幸福感觉，而学生们的这种幸福感也返回到了万老师身上。

作为英语老师，我教的班级比较多，遇到的孩子们性格各异，千奇百怪。其中有个男孩子——小王（化名），现在是五年级学生。我刚接手他们班，发现这个孩子上课不注意听讲，总是爱跟临近的孩子聊天，导致其他的孩子也学不好；特别爱接老师的话茬；老师在上面讲课，他在下面自己玩玩具、尺子、课本等；最爱做的动作就是吃大拇指，上课时总是把大拇指放在嘴里，时间长了，大拇指都变颜色了。在学习上他就更不上心了，数学基本的计算都困难，语文的诗词也背不下来，英语就更困难了，在教两个音节以上的单词时，我怕他读不下来，就经常叫他跟读，但教了很多次他都读不下来。

我去跟班主任了解情况。孩子的父母没有上过学，对孩子的学习也不负责，没有给孩子进行过学前教育。在一年级时他还能勉强跟得上，随着知识的加深和孩子本身的智力问题，越来越退步，后来孩子自己就放弃了。上课老师在上面讲，他自己在下面玩。

针对孩子的这些情况，我采用了以下教育方法。

首先，跟班主任商量，把孩子的位置安排在第一桌。一方面是让我随时都能看到孩子的听讲情况，如果发现他不注意听讲，就随时提醒；另一方面防止他跟别的孩子说话，没有能够说话的人了，他也就把注意力放到听讲上了。每当看到他又在玩的时候，我就提醒他，叫他回答问题，渐渐地他听讲的状态也好多了。

其次，在课上提问时用比较简单的语言，防止他听不懂。如"What's this? What color is it? How many ... are there?"等等。刚开始时连这样的问题他也听不懂，我就每次上课时都用这样的语言跟他交流，渐渐地他能听懂并回答我的问题，不再因为听不懂而发呆或者玩了。

然后，我更加精心设计课堂教学。课下，我利用业余时间查找书籍，或跟别人讨教如何让英语教学更加有趣。在课堂上我加入了很多关于话题的游戏环节，孩子们的积极性提高了。小王看到英语课上还能玩游戏，也很高兴，积极回答问题为本组加分，他们组获胜的时候他跟着一起欢呼雀跃，看到他的样子，我心里由衷的高兴。

由于孩子的父母辅导不了他的英语学习，我就利用孩子中午在学校的时间给他找了"师傅"，教他读单词和句子。尽管孩子掌握得还是有些慢，但一个月过去之后，孩子有明显的进步。

看到他的进步，说明我的方法奏效了，尽管孩子的表现还没有像其他孩子那样好，尽管有时课上还不能完全跟上，尽管有的坏习惯还没有完全改掉。正如龙应台在《孩子你慢慢来》中所说，我愿意用一生的时间去等。我想对他说：孩子，你来到这个世界上，你要慢慢地走。所有真正爱你的人，都会耐心等你！

（海淀区翠湖小学　刘玉华）

用爱心滋润孩子的心灵
——我与来自星星的孩子

苏霍姆林斯基说:"教育的技巧和艺术就在于教师要善于在每个学生面前,甚至是在最平庸的、智力发展上最困难的学生面前,都向他打开他的精神发展的领域,并使他在这个领域里达到一个高处,显示自己宣告大写的'我'的存在,从人的自尊感的源泉中吸取力量,感到自己并不低人一等,而是一个精神丰富的人。"他也告诫我们:"儿童的尊严是人类心灵里最敏感的角落,保护儿童的自尊心就是保护儿童前进的潜在力量。"

难忘初识,记忆犹新

开学第一天,我就认识了他,一个有着白净的皮肤、秀气的双眼,显得很可爱的小男孩。他叫小帆(化名),是一个有孤独症且伴有视力严重低下的男孩,于2013年9月进入我所带的班级学习,这也是我工作以来接触的第二个孤独症学生。

学前教育第一天,他一刻也坐不住,不时地敲桌子,他一边做出这般举动，一边嘴里发出怪声。对于我的提醒，他捂住耳朵；对于我的目光，他则低下头，垂下眼睑，真正做到了"充耳不闻，视而不见"。

学前教育第二天，我改变了方法，把他"请"到我的身边，他趁我转身的机会，一溜烟地窜回了座位。之后的几节课上，他总会有一些异常举动令我瞠目结舌：他可以在教室里四处溜达，如若无人之境；或者找一空地单调重复地旋转；或在安静的时候猛地大声哭喊，把课堂秩序搞得一团糟！

从这一天开始，我结识了这个孩子——一个外表清秀的孩子，一个属于星星的孩子。

耐心守望，逐渐变化

其实每一个从事教育工作的人都清楚，每个孤独症儿童的背后都有一个心存希望而又伤心欲绝、心情复杂而又矛盾交织的家庭。作为教育工作者，我尽量去淡化他的缺陷，同时带着一份期待、宽容去看待他，我们所能做的就是耐心地守望。

在后来的学校生活中，课余时间我就坐在他的身边陪他做他喜欢做的事情，同时我还安排小干部课下主动陪小帆上卫生间、打水、说话、做游戏等，让他逐渐感到集体的温暖。一段时间后，小帆明显减少了焦躁情绪发作的次数，情绪上也变得安静了很多。

  此后，我经常在离他不远的地方仔细观察他的一举一动。慢慢地，我有了更多的发现，也看到了更多的惊喜。小帆在课堂上，看似还是那么多动，还是埋头干自己的事，但当"开火车"轮到他说儿歌时，他也能读出来。当我要求他不能随便撕本子，并要求他重复一遍，之后竟然真的不再乱撕本子了。正因我的某些"迁就"和"纵容"，他听我说话时已不再捂住耳朵，减少了恐慌、抵触的心理，怪异的行为也变少了。

  未来我和我的孤独症学生的故事还将继续，太多的不可知在等待我们。作为一名教师，我愿用尽生命中所有的勇气和力量，留一个微笑在他们的心田。同时我也感谢这些属于星星的孩子，让我从他们的生命里走过，亲身见证他们的成长，我愿用我的爱心滋润这些属于星星的孩子的心灵。

（海淀区枫丹实验小学　吕利昆）

静待花开，微笑期待

上个学期的一次体育课下课后，我正在班里判作业，班里的几个孩子急匆匆地跑回到教室对我大喊大叫："老师，老师，不好啦，咱们班的小鸥（化名）在操场拉屎啦！"孩子们一个个义愤填膺，气急败坏，争先恐后地向我告状。

听闻此言，我也是吃了一惊。小鸥在我们班很特殊，她是一个典型的唐氏综合征儿童，智力低下，性格执拗；同时又曾患先天性心脏病，做过心脏的大手术，孩子的妈妈在孩子一年级入学时就给她申请了免体，并且得到了批准。于是她每次体育课都是跟着体育老师和同学们做些简单的运动，其他时候就是在见习。

得知消息后我飞奔到操场，为了保护孩子的自尊心，我劝离了围观的孩子，又赶紧带孩子到厕所处理；再及时与她家长取得联系。家长急忙赶来，我俩顾不得脏，赶紧清理了操场；我再细致地与孩子交流、问情况。面对我的疑惑，孩子仍是懵懵懂懂，一句话也说不清楚，家长更是无可奈何，只是一个劲地向老师道歉。

每一个人，每一个生命，都有赢得尊重的权利。不管是怎样的孩子，无论其成绩高低、性格好坏，他们都是我们的孩子，只要默默地爱着他们，关心着他们，信任着他们，最终会听到花开的声音。花总要开，乌云只是暂时的，阳光不可能永远被遮住。

所以面对家长的愁眉不展，我宽慰家长、劝解家长，并和孩子好好沟通了一番。虽然她智力低下，但是用她能明白的语言给她讲道理，她还是能听进去一点儿的。

其次，我与体育老师作了沟通，麻烦大家多关注她。一些简单的、她能力所及的运动一定要鼓励她积极参加，多给她机会，让她能够投入到身体锻炼当中。

每节课下课我都不厌其烦地询问她是否需要上厕所，每次体育课前我都反复叮咛。对于几个当时在现场的孩子，我也让他们不要宣扬这件事，告诉他们要保护好这个孩子的隐私。

这之后，她再也没有发生过类似的事情，家长感激地说："老师，多亏您每天不厌其烦地提醒督促，你不知道她刚上学的时候，我每一分钟都放心不下，可是在您的教导之下，我现在放下心了。"

等待是一种教育力量，如果教师能对学生寄予真诚的等待，那么，对学生在接受教育教学中的过程必有裨益。尤其是特殊儿童，特殊儿童也是学生，也是受教育者，培养他们、教育他们，让他们在公开、公平的教育中学会学习、学会做人，这是教师的职责。所以作为班主任更不能冷漠、歧视、放弃，应亲近、关爱他们，挖掘他们身上的"闪光点"，与他们进行长期"磨合"，引导他们。

静待花开、微笑期待是对教育的一种责任担当，是一种追求的状态，是一种平静的力量，是一种信念的坚守，更是一种智慧和底蕴带给教育的宽阔。我想说：教育，需要等待！在"等待"中，教师才会更加冷静，更加理性；在"等待"中，学生才能自我纠正，自我提升。"等待"是一种健康的教育心态，"等待"是一门无声的教育艺术，"等待"更是一种境界。只有用心灵滋润学生的老师，才会怀着一颗宽容之心倾听生命的拔节，从含着露珠的嫩芽中嗅出果实的芬芳。"一年树谷，十年树木，百年树人"，教育的最高目标是把学生塑造成有精神、有思想的大写的"人"。对于特殊学生，让我们学会等待！慢一点，放慢欣赏的脚步；等一下，等到迟来的花开。

（海淀区八里庄小学　李新华）

牵着我的小蜗牛慢慢前行

发现新问题认真梳理

瑶瑶（化名）是名孤独症儿童。自从妈妈生了小弟弟，对瑶瑶的关注少了后，她的情绪起伏很大，经常大哭大闹，自残现象严重，不愿做任何事情，烦躁易怒。在专家的指导下，教师和家长配合引导，半年后她的情绪渐渐稳定，这学期课堂上不哭闹了，但是又出现了新问题。上课时她经常喋喋不休地小声嘟囔，有时突然间大声喊叫，老师提醒她也不管用。以前她不仅能跟我进行简单互动，还能跟熟识的几名同学玩一些小游戏，现在却对这些同学视而不见，一副烦躁不堪的样子。老师引导她做一些熟悉的活动，她会捂着耳朵不停地大喊："我不愿意！我不愿意！"虽然她现在不会无缘无故地大喊大闹了，但是只要一引导她做一些正面训练，她的抵抗情绪就特别明显，而且不听任何劝告，把自己封闭在自己的世界中。当她出现烦躁情绪时，陪读教师想带她出去走走缓解一下，她也大叫着不出去。面对这些新的情况,我和陪读教师一时不知如何应对,情况越来越糟。

我强迫自己静下心来调整好心态,积极主动地与家长进行了沟通,把四年来对瑶瑶的教育引导和她的点滴进步进行梳理,结合以前专业培训学到的知识,并进行专业书籍的查询学习,渐渐找到了解决问题的思路,试着去解决。

由兴趣引导规则意识

班里的孩子们已经十岁了,马上就要升入五年级,在心理和生理上都发生了很大变化,自我意识增强,言行举止一个个就像小大人。瑶瑶虽然是个孤独症儿童,但是其生理发育及智商是正常的,随着生理的成熟和四年的学习生活引导,以前学会的简单活动已经不能激起她的学习欲望,不能吸引她的注意力了。

一次课间,我正在讲台判作业,瑶瑶忽然跑过来伸手摸了摸我桌子上笔筒里放着的一支彩色铅笔,我抬头看见她故意说:"瑶瑶,这是我的东西,不许随便动啊。"她冲我一笑就跑到了一边(这时她关注到了我的反应),我又低下头判作业,她又跑过来摸那支彩色铅笔,我一抬头,她大笑着迅速地跑到了一边(她有意识地过来摸彩笔看我的反应)。这样反复了几次,原来她是故意的,她想跟我有更多的互动。这对于一个重度孤独症的孩子来说是多么大的进步啊!望着她的笑脸,看到她渴望与我交流的眼神,我的内心酸酸的,四年的教育缓慢而艰难,但是我和瑶瑶也收获了很多……我想起了一首诗《牵着蜗牛去散步》,虽然路程充满了坎坷与艰辛,但是我一定要坚持下去。既然瑶瑶渴望新的互动方式,于是我决定教会她为班级做一些力所能及的小事情。

抓住契机适时引导

第二天中午午饭后我们大家在吃橘子,瑶瑶又来到我的桌子前摸那支彩色铅笔。我故意把橘子皮放到了笔筒旁,她摸了一下彩色铅笔笑着就要跑,我一把抓住她,大声说:"不许淘气,帮我把这个橘子皮扔到垃圾桶里。"我连说了两遍,她在我怀里停止了挣扎和大笑,定定地望着我,我看着她的眼睛指了指橘子皮,又指了指垃圾桶,又大声说了一遍,她还是看着我没动。我心里有些紧张,怕她不能理解我的意思,又渴望她能听懂。这时我把橘子皮拿起来放到她的手里,指了指垃圾桶,大声说:"帮我把橘子皮放到垃圾桶里,谢谢!"她一下子扭过身去,三步并作两步就把橘子皮扔到了垃圾桶里,扔完嘴里还大声说了一句:"谢谢!"

看到她能准确地理解我的意思,我高兴极了,想借机引导她学会帮助别人,并且学会简单的礼貌用语。于是每天中午我都让她过来帮我扔一些小的垃圾并且谢谢她,每次她听见我说"谢谢"都特别高兴。中午吃午饭时她自己排队打饭,每当同学帮她盛完饭时我也都要叫她说"谢谢你!"

一天中午她帮我扔完小垃圾,往座位上走时,看见一个同学的桌子上有果皮,她下意识地捡起来就扔进了垃圾桶,还对那个同学说:"谢谢!"意思就是"说谢谢我呀!"那个同学赶紧说:"谢谢!"她才回到了自己的座位上。周围的同学都笑了,竟不自觉地鼓起掌来。从此以后班里的同学们不仅有意识地去帮助她扔垃圾并教她说谢谢,还会带着她去帮别人扔垃圾。渐渐地瑶瑶的情绪好了起来,笑容多了,人也活泼了,而且课堂上也能听从老师的引导做些简单的课堂活动了。今后,我还会继续引导瑶瑶学会擦黑板、擦桌子等一些简单的劳动技能,怀着一颗母亲的心牵着这只小蜗牛慢慢成长……

"融合教育"就是要让孤独症儿童回归集体,能够进行一些基本的群体活动,学会简单地与人交往。我认为一个老师必须热爱孩子才能教好他们,"没有爱就没有教育",我把这句经典名言作为从事教育教学工作的座右铭。

(中国农业科学院附属小学　尹佳颖)

关珊说话了

我校普及手风琴教学，给每一个学生提供免费学习手风琴的机会，形成自己的器乐教学特色，从而促进学生潜能的开发，培养学生的艺术才华。在教学生学习手风琴的过程中，我发现学生形形色色、性格各异，教师要用心、用爱和学生进行真情交流，才能使学生健康快乐地成长。

我校二年级有一名女生叫关珊（化名），教这个班的老师都知道，这个学生很内向，不爱说话，还特别拧。她在第一节手风琴课上，就给我留下了深刻的印象。当时我想了解一下这个班的整体水平，就请了几名学生演唱曲谱。前几个学生唱得都很好，当我念到关珊的名字，半天都没声音，我又喊了两声"关珊、关珊"，这时他们班学生说："老师，别叫她了，她不爱说话。"我问他们："谁是关珊？"所有的手都指向了一个看起来很文静的女孩子，我慢慢地走到她面前，用手抚摸着她的头轻轻地叫："关珊？"她往后坐了坐，看着我没说话。我又说："老师想听你唱歌。"她还是瞪大眼睛看着我不说话。其他孩子说："老师，她不会说的。"我心想，再内向也不可能一句话都不说吧，于是我没放弃接着说："你是不是有点害怕呀？""你把第一句唱一遍行吗？"……我问了好多问题都没有回音，只好放弃，我甚至怀疑她是不是哑巴。

课后我认真想了想，不能这样算了，我一定要有耐心，不急不躁，想尽一切办法慢慢转变她。第二节课，我请所有的女生陪关珊一起唱，看到所有的女同学都站起来了，她也慢慢地站起来，虽然我没听到她的声音，但我看到她的嘴在动，我想这就是一个好的开始。下一节课，我对关珊说："你愿意请几个好朋友陪你一起唱吗？"她轻轻地点了点头。以后，我就逐渐减少陪她唱的人数，十个、五个、三个、两个、一个，看得出她的胆子越来越大，因为我已经能听清楚她唱的旋律了，最后，她一个人也能完整演唱了。

一个赞许的微笑，一个满意的点头，一句鼓励的话，一个简单的爱抚，一个不露痕迹的暗示……都会给学生留下刻骨铭心的记忆，都会荡漾起学生心中的涟漪。只要她有一点儿进步，我就及时表扬并给予肯定，我从没对她发过火，用我的真情换来了她的信任，我觉得我们的距离拉近了。现在她能独立地演唱乐曲，也能在全班面前弹奏手风琴。每次见到我，她就扭扭捏捏地走过来，边搂着我的腰摇晃边轻轻地叫一声"崔老师"。虽然话还是很少，但我觉得已经很不容易了，我为她的改变感到无比高兴。

在音乐教学过程中，音乐教师对学生要保持谨慎的教学态度，要一视同仁，使每个学生时刻都感受到教师在关注着他，期望着他，并通过语言、表情、动作对学生流露出期待、信任的态度，师生形成心理上的默契。爱学生，就要充分地理解、信任他们，宽厚温和地对待他们，用无私的爱激励他们，"以情立教""以爱立教"，使学生能体验到愉快、满足的情绪，促进其良好性格的形成和发展。"精诚所至，金石为开"，世间并无冥顽不化之人，我愿做春雨，滋润出更多更艳的花朵。

（海淀区永泰小学　崔静）

第七说
孩子,你真棒

教师要有一双发现美的眼睛,挖掘孩子身上无数的可能性。每个孩子都在闪闪发光,有特殊教育需要的孩子也有让人赞叹不已的特长。教师们要学会发现这些孩子的特长,赞美他们的所长,发挥他们的优势,拉近师生的距离。

"雄鹰"从这里起飞

晨晨（化名）是我校一名重度视力障碍学生，在学校担任广播站站长、班级课代表、国歌领唱员等。晨晨给同学们印象最深的并不是他的学习成绩，而是他那富有磁性的嗓音，他善解人意，主动照顾同学、关心别人。老师、同学对他的评价是"阳光、独立、勤奋，成绩优异，公认的牛娃"。可谁能想到，现在这个公认的"牛娃"刚来学校时也受过一段时间的冷落。

创造机会　让孩子收获友谊

由于视力重度障碍，每次考试他都会有一份特殊的试卷，字体要放大几倍，再加粗几倍，还会有单独的老师陪伴（监考）他，而且他的成绩不错，所以班里的孩子们不服，总是冷言冷语；再加上大家都刚刚升入初中，晨晨每天下午还要外出做康复训练，同学之间不熟悉，慢慢地，晨晨好像越来越被孤立。其实晨晨入校的第一天，学校的资源教师和班主任就一直默默地关注他,发现这种情况,班主任和资源教师商量,决定给晨晨创造更多和同学交流的机会。班主任发现课间操时间是个很好的机会,每天的这个时间,晨晨会打开教室的窗户通风,把教室后面的物品摆放整齐。同学们回来后总会发现教室内的一些小变化,有些同学开始过意不去,对他的态度也有了微妙的变化。晨晨的英语特别棒,并且在校外和外国朋友一起参加一个英语角的学习,任课老师知道这一点后,让他给同学们介绍学习经验,他还吸引了几名同学一起参加英语角的学习。班主任和任课教师及时捕捉孩子的些许优点,同时放大他的优点,并把这些优点作为工作切入点。晨晨和同学之间的关系越来越融洽,从被孤立到被接纳,从被接纳到打成一片,孩子们都拥有了属于自己的"一缕阳光""一份闪耀""一份快乐""一份自信",同时也收获了彼此间最深厚的友谊。

搭建平台 让孩子发挥特长

一次语文嘉年华活动,晨晨参加了班级的朗读比赛。他的嗓音很独特,非常优美,大家都眼前一亮。班主任找到晨晨,说你的嗓音这么美,有没有想过在学校的广播站做广播员呀?开始的时候,晨晨还有些犹豫,怕耽误学习,但是在老师的鼓励下,他还是勇敢地尝试了。自此之后,晨晨就成了班级和学校的明星了。每当午间晨晨那富有磁性的声音响起,同学们都认真地竖着耳朵听,都被他富有磁性的声音和美妙的内容所吸引;每一次晨晨从广播站回到班级,同学们都笑着说:我们班的"明星"回来了。在广播站的日子,晨晨渐渐地和更多同学熟络起来,也得到了更多同学的欣赏。学校心理周的时候,老师交给了晨晨一项更重要的任务,播报一期心语之声。从内容的选择、成员的配合和播报的形式,晨晨都和老师、同学们作了充分的讨论和分析,最终圆满地完成了任务。这次心理周还邀请了晨晨的妈妈,妈妈也很是欣慰。

晨晨不仅声音美,歌唱得也很好听,不仅是学校合唱团的一分子,还被选为国旗护卫队国歌领唱员。由于晨晨的名声越来越大,我校德育处在"唱国歌,行队礼"传统美德教育中充分发挥了晨晨的榜样作用。学校主题月的每周一,由晨晨领唱,同学们在操场上一起唱响国歌,表达对祖国的热爱之情。

依托资源教室 开展各种志愿活动

学校还根据随班就读学生类型和学生特点,先后组织了图书借阅、植物认领与养殖、仿真超市等一系列志愿活动,学生在活动中加强了沟通和了解,锻炼了自己的人际交往能力。当然,晨晨也是这其中的一员。在晨晨的带领下,更多随班就读学生加入了这个行列,大家一起游戏、活动、学习、劳动……在志愿服务他人的同时,也让更多孩子从不同的角度认识了自己和他人,彼此之间虽有摩擦,但同学关系却越来越融洽。

随班就读学生之所以有着某种特殊教育需要,也许是因为他们在身体或者智力的某一方面不够优秀。然而,他们的内心也埋藏着一颗向上的种子,或许这颗种子的生命力不那么顽强,能量不那么充沛,根基不那么扎实,但只要外界所有的力量都能一致朝向他们,予之关爱,赋之能量,那么这只特殊的"雄鹰"一定可以退去胆怯,振翅高飞。

(北京市清河中学　李小花)

发现闪光点　　推进普特融合

在我国上千年灿烂的智慧结晶中，榫卯给我印象最深，长短大小不一的木材经过设计打磨，将特定凹凸部位相结合，便可巧妙地将物件牢固连接。有经验的木匠师傅说，世界上没有废材，只有没有被用到恰当地方的木材。其中包含的哲理不仅体现在建筑里，也能够运用到教育工作中。每个孩子都是独一无二的，只有创造多元包容和谐的班级氛围并善于发现孩子的闪光点，才能促进包括随班就读学生在内的每个孩子的发展。

乐乐（化名）是个智力偏低的女孩。日常学习生活中，她语言表达存在困难，说话时为了更清楚，声音显得洪亮而笨拙；举止行为也比别的孩子迟缓。孩子们能察觉出她的不同，很多孩子不和她接触，个别孩子戏弄甚至欺负她。这些刻意伤害她的举动，我看在眼里，急在心里。虽然我经常趁乐乐不在时三令五申，要求班里孩子尊重爱护同学，私下也给欺负乐乐的同学做思想工作，但这一切的效果仅仅局限于他们看到我怒视的一瞬间停止不友好的举动，悻悻离开。我开始反思，如果孩子们没有从心底接纳这个孩子，那么所有的强制都是徒劳的。

一个偶然的机会，我看到乐乐笔记本上的一个涂鸦，虽然图案简单，但是形象生动。正巧前两天宣传委员跟我提到，每次硕大的板报工程都是她一个人完成，很少有其他同学愿意放学留下来帮忙，每个月就要画一个多礼拜。看着本上的涂鸦，我想到也许可以邀请乐乐加入。我首先和乐乐家长进行沟通，乐乐妈很开心地介绍孩子小时候学过画画，也沉浸于画画中。我向家长表达了我的想法，希望能给孩子展示自己的机会，同时培养孩子的交际能力。得到家长的支持后，我找到宣委，宣委和乐乐之前没有交集，对乐乐敬而远之。听到我的想法后，她脸上闪过惊讶，接着支吾起来，她缓缓地提出了担心："老师……那个……乐乐她……行吗？"我给孩子看了乐乐妈妈朋友圈里乐乐的作品，并解释我希望给乐乐提供一个展示自己的机会。宣委最终认可，愿意一试。

课下我找到乐乐，表示班级板报有困难，需要帮助，乐乐呆呆地看着我。我小心翼翼地问："你愿意给班集体帮忙，和宣委一起画板报吗？"她没有给我直接的回应。"咱们尝试一下，没关系，老师觉得你能行！"乐乐有些犹豫。我顿了顿，说："这样，孩子，你回去考虑一下，明天给我答复，好吗？"看乐乐走回班，我联系了乐乐妈寻求支持。乐乐妈很高兴，说晚上跟孩子谈谈。第二天，乐乐没有主动找我。我找到乐乐，再次告诉她班里板报工作需要她，这次问她意见时，她慢慢地点点头。

第一次合作，我若无其事在班里处理其他杂事，旁观到宣委请乐乐帮忙在右边画一棵圣诞树，两个人各画各的。之后的几天，我通过后门小窗户观察，两个人交集不多，偶尔换一下绘画工具。乐乐圣诞树画完后，我私下问宣委怎么样，宣委笑着说很漂亮，有层次感。后来，宣委便和她一起合作完成了花边和装饰的描画任务。最终，当成品完成时，我们三人都很满意。我拍照通过微信发给了乐乐妈，乐乐妈也很激动。

一切似乎有了转折。孩子们得知是乐乐画的板报，惊讶之余有些敬佩。宣委虽然没有和乐乐无话不谈，但由于两个人有一些共同爱好和特长，会和乐乐有些交流，甚至偶尔会在班里制止欺负乐乐的孩子，原本淘气的孩子也开始收敛。通过发现乐乐的长处，打破孤立的坚冰，帮助乐乐建立平等的友谊，最终乐乐迈出了融入班集体的第一步。

（北京市第十九中学　白璐）

从不会写到写得一手好字

  我们学校有位特殊的学生,他叫小曹(化名),从我来到这个学校上班之后,就一直被他"困扰"。为什么这么说呢?我在学校教书法,课堂也就是学生们口中经常说到的放松课,没有语文数学英语那么紧张的氛围,老师自然没有那么严厉。我刚接触到小曹是在四年级,每次上课,他总是在我讲得滔滔不绝的时候发出奇怪的声音,要么大吼一声,要么学动物叫,惹得全班同学哄堂大笑。这时候的我总是对他大喊一声:"安静!"哪知这句话只能换来片刻的安静,等我刚进入状态继续的时候,他又开始了。经过两年的接触,我总是"谈曹色变",想不出什么"对付"他的好办法。

  偶然一次,我与他的班主任聊到小曹,班主任说他的语数英成绩很差,基本上处于听不懂的状态,但是到六年级了,懂事了,不再在课堂上打扰大家学习了。我觉得我的机会来了,书法课可以培养他的兴趣,没有成绩的压力,说不定在正确的引导下,他能多一项技能呢。再次上书法课的时候,我走到他的身边,鼓励他:"小曹同学,你把这个横画再写一写好吗?

老师觉得你写得还挺好看的！"他觉得我像是在开玩笑，因为之前他的书法作业总是涂得乱糟糟，除此之外，他最擅长的就是把墨汁有意无意地甩在地上，也不舔笔，直接脏脏地往手上抹，每次书法课后两只小手就全变黑了。听完我的话，他半信半疑地写出个哆哆嗦嗦的横画，低着头不敢看我。也许被我的信任感动了，写完我一看，他还真的把骨法用笔的感觉写出来了，我不由得高兴起来，继续鼓励他："你看，你旁边的两位同学都是班上写得不错的，知道老师为什么把她们安排在你的身边吗？"他摇摇头看着我。我心里一喜，继续说道："因为老师从来就没有放弃你，她们在你旁边就是给你很好的示范，觉得你到六年级肯定能写出一手很好看的字，看来实践证明我是对的，以后这组的组长就是小曹你了。"这下他更不敢相信了，睁大了眼睛，眨巴眨巴地看着我说："真的吗？"我说："老师什么时候说过假话啊。组长的任务是帮助老师查看本组成员写得对不对，如果不对还要帮她们改正呢。"他突然觉得自己能胜任了，坚定地说："老师，我肯定能完成好。"我也坚定地点点头，说："咱们看看学期末的小组评比你们组能不能得第一。"

于是，从那次课之后，每次书法课堂都能看到这三人小组并排学习的情景，作为组长的他还能对他的组员指点一二呢。我真是喜在心里，乐在嘴上，时不时地和他沟通一下，他还真的请教我一些书写的问题呢。

通过一段时间的练习,小曹也能写得一手好字了,而且更愿意上书法课了。课上再也没有那个出怪声的小曹,多了一个热爱书写又爱帮助组员的曹同学。

学生的习惯都是养成的,特殊学生的教育应该不特殊,不能因为他能力差就觉得他一无是处,应该发现他身上的闪光点,把细小的优点放大,这样,学生一定会还给你一个惊喜!

(海淀区翠湖小学 任晔)

向阳树的故事

一天，鼓号队集训完回到办公室，我看到微信有消息："老师，您好！我是鼓乐队小星（化名）的妈妈。这周发现，孩子的承受能力可能跟不上训练强度，导致情绪起伏比较大。应该说小星变得比从前更加抑郁，有时会胸闷头疼头晕，所以想麻烦老师多关照小星。这也许不是普遍问题，可能小星本来就有心理压力，需要老师更多的鼓励和关爱。我自己感觉小星有些抑郁，他每天担心各门功课做不好挨批评，加上鼓乐队训练，他似乎很累，对我说：'妈妈，我的身体没病，但我的心生病了。'说他一想到学校的很多事情，他就胸闷头疼头晕，甚至不想上学，不想见到同学和老师。这真不是夸张，今早上他不想上学，临走前问我：'妈妈，我还能活下去吗？'真是让我心碎……"

啊？我的队伍里有一个孩子因为训练压力而变得更不快乐了？我心里咯噔一下。作为大队辅导员，我非常关心鼓号队作为一个集体的进步，以及它参加比赛的成效，因为这涉及少先队的荣誉，涉及学校的荣誉；作为心理教师，我同时关注在鼓号队训练的孩子作为一个独立个体的成长,他们的快乐、努力、自我完善、自我成就,这些和他们作为鼓号队的一员一起为了团队的荣誉而战同样重要。但事实上,个人的利益和集体的利益并不总能完全契合。鼓号队的训练要求纪律严明、令行禁止、态度端正、步伐一致、严肃认真,只有这样才能保证鼓号队的行进有条不紊、成型成样。为了达到这样的效果,教练难免在其中要提点、甚至批评一些步伐错误、态度不认真、屡教不改的学生;而部分学生,尤其是个别男孩子的注意力、听指令能力、身体协调程度、空间方位感等各方面常常与整体存在差异,他们似乎需要更多一对一的指导,他们也更加敏感、容易受挫,需要更多的鼓励;而且,当专家在提点某些学生的时候,我也不好说什么,小星就是这样的例子。那么问题来了,我要怎样在保证集体纪律和进度,又不破坏专家权威的情况下,帮助小星重获自尊、重拾自信呢?

我想,这个四年级的孩子正处在自我意识的发展期,他是一个敏感、脆弱的孩子,他缺少自信,需要从他人对他的态度和评价中获得自我认同、肯定和自信。老师的态度,不管是我的还是专家的,都是孩子很关心的事情,老师对他的态度可能直接影响他对训练的好恶,老师的关心、鼓励、爱心和对孩子的信心是孩子们在学校里最大的支持和力量!

于是,一方面,我肯定妈妈的敏感性和对孩子的关心,并和妈妈达成一致意见，建立统一战线，各自在家和在学校减少对他不良行为的关注，减少对他的说教，尽力接纳孩子的情绪，用温和的微笑、鼓励的语言、具体的指导、及时的表扬来化解他心里的担忧和害怕，燃起他的自信和希望。另一方面，我决定在日常训练中采取一些措施。

所以，在那之后的我都会有意地摸摸他的头鼓励他；当他做错的时候，我轻轻地过去，悄悄地帮助他找到正确的位置；当他小有进步时，我就当着大家的面表扬他。我发现他每天穿着一件脏脏的、旧旧的校服，系着一条破旧不堪、褪色无光、皱皱巴巴的红领巾，总是戴得歪歪斜斜，系得松松垮垮，仿佛那条小小的、破旧的红领巾每天都遭受着暴风雨似的打击，无精打采地趴在他的衣服上。于是，我走过去对他说："刘老师帮你把红领巾重新系一下吧。"他的眼睛开始躲闪，有些不知所措，有些害羞、不自然。我帮他把红领巾摘下来，重新捋平整，将相对不那么旧的一面翻过来，折成三角，再把他的校服领子整理好，将红领巾放在领子下面，小心翼翼地给他系好。这时，他盯着我的眼睛，他的眼里也开始放出微弱但兴奋的、纯粹的光芒。整理好红领巾和领子，我对他说："好好练啊，今天进步很大，明天刘老师送你一个礼物。"那天晚上，他的妈妈发来微信："谢谢您，刘老师！今天训练完接孩子，头一次见到他灿烂的笑容。看到他的笑容我的心也化了，真的谢谢您！"

第二天，我特意准备了一条大一些的新红领巾，在开始训练之前对他说："今天好好努力，刘老师给你准备了礼物哦！"他非常开心，眼睛光芒四射，身体开心地扭动，想要掩饰但又掩饰不住心里的高兴。集训结束，我把他叫到一边，从包里拿出一条红领巾说："看，这是给你的奖励！"他好像非常开心，眉角外扩、嘴角上扬、眼里放光，非常自然地赶紧站在我面前。说着，我把他的旧红领巾摘下来，重新给他系上这条新的红领巾，他激动地连声说："谢谢刘老师……谢谢刘老师……"当我给他系完红领巾，他很郑重地给我敬了一个队礼。

从那以后，小星每天穿着干净很多的校服，整整齐齐地系着这条鲜艳的红领巾，腰杆笔挺，每天训练时他的眼睛都专注地盯着专家，紧跟专家的指令，注意力集中，反应迅速，步伐稳健，行进路线清晰，仿佛换了一个人。虽然偶尔也会走神，但只要我看他一眼，他就马上回过神来，赶快纠正，递给我一个朋友般的坚定的眼神，仿佛告诉我："不用为我操心，刘老师，我知道该怎么做，我不会让您失望的！"

小星就像一棵小小的向阳树，现在还只是小树苗的模样，他不知道自己的身体里有一棵参天大树的潜力。他缺少成功的经验，常常受挫，以至于开始自我怀疑，他渴望关注，渴望肯定，渴望鼓励。只要成人理解他、真心关注他，给予必要的技能指导和帮助，及时肯定他，多多欣赏他，他就不会那么不安，不会花那么多的精力在察言观色上，而把更多的精力放在成长上。一旦获得了自我认同，他的成长就是水到渠成的事情了，对他的教育也就成功了。

（中国科学院附属玉泉小学　刘丽君）

夸　赞
——不断进取的动力

教育理论认为，真诚的赞扬和热情的鼓励如同阳光雨露，可以让同样的种子长成不同寻常的树苗。据报道，苏联心理学家曾经做过这样一个实验：他们来到一所普通中学，在一个班中随机抽取了部分学生，将名单交给老师，并暗示这些学生智商较高，将来会有所作为。几年后，当心理学家再次来到这所学校时，老师兴奋地告诉他们，名单上的学生都成了班中的佼佼者。

随机抽出的学生智商果真都高吗？当然不是。那么，到底是什么促使这些学生都成为佼佼者？原来，是老师的鼓励和夸赞。当老师知道这些学生拥有较高智商后，就会有意无意地给他一个满意的眼神、一句鼓励的话语，始终给学生创造一种充满信任、充满阳光的和谐氛围，促使学生坚定信念，增强意志力，不断进取，取得进步。由此可见，学生智商的高低并不十分重要，至少对其综合表现并不具有决定性影响，关键在于老师如何对待学生。那么，老师的鼓励和夸赞，对有轻度智障的孩子会取得同样的效果吗？

记得刚接初二一个班的思品课时，一名叫杨帆（化名）的学生引起了我的注意。别的同学都在认真听课，只有他桌面空空如也，没有书还左顾右盼、东张西望，我正要冲他发火，转念一想还是先了解一下情况吧。课下我向班主任及其他任课教师了解情况后得知，他属于轻度智障，学习成绩较差，不遵守课堂纪律，自控力差且逆反心理较强，这些外在的行为，突出体现了其内在意志力的薄弱。怎么办？看来批评是不会起作用的，甚至会有反作用，还得另辟蹊径。一次课后，我与他进行了沟通："你看咱们班一共38个同学，每个同学都很出色，你并不例外。我留意你一段时间了，你的眼神中透着一股灵气，如果能把精力集中在学习上，提高自己的自控力，一定会有不错的表现。你首先要相信自己，老师也相信你日后会有出色的表现。"

事后，每当他有进步时我总不忘夸赞他一番，读课文时让他读，读完后全班同学鼓掌表扬；每次课堂小测进步后对他及时鼓励和赞扬，并激励他有能力考得更好……慢慢地，他开始有所变化了，课桌上不再空荡荡的了，也不搞小动作了，注意力开始集中了，上课时会经常捕捉到他兴奋的小眼神，一些课堂展示活动，也有他的身影。我真为他的变化感到高兴，每个学生哪怕是有轻度智障的孩子都有自己的闪光点，都希望得到别人的关心和关注，都会取得令人意外的进步。

世界不缺少美，而是缺少发现美的眼睛。正如唐代大文学家韩愈所说："世有伯乐，然后有千里马。"教师正应该是这样的伯乐。我们在日常的教育教学过程中，难免会遇到像杨帆这样的被医院诊断为轻度智障的学生。当我们用期盼的眼神注视他们时，当我们不断地用发自内心的夸赞的话语与学生交流时，也就给他们注入了不断进步的动力，天长日久，每个学生都会朝着我们所期盼的方向发展，成为有用之才。

（北大附中香山学校　姜晓静）

悦纳自己　悦纳孩子

我班小安（化名）学习自信心不足，自卑心理严重，不能积极主动地克服学习上的困难，遇到困难总是躲着走，意志品质薄弱。

通过课上观察、课下谈心、与家长沟通等方式，我发现小安对学习缺乏浓厚的兴趣，学习成绩差；对他人（老师、同学）缺乏信任，对老师的帮助有抵触心理。在认真分析原因的基础上，我制定了矫正措施。

平时，我有意识地多和该生接触，及时了解孩子心理，掌握她的思想活动并进行心理健康教育。我从欣赏小安入手，每天都从内心由衷地夸她漂亮，赞美她的点滴进步，为她竖起"大拇指"。逐渐地，我发现她那双总是怯生生看着老师的眼神变得明亮，敢于与老师进行"眼神"的交流，于是我就在班中大张旗鼓地表扬她，总是说她像自己的女儿。不久，这种"套近乎"的办法起效了，她开始接受老师的帮助，有了学习的劲头。于是我因势利导，教学中有针对性地给她进行辅导，课上给她设计适度的问题，为她布置适宜的作业，单元测试时与其他学生不同试卷,帮助她体验学习上的成功,以此激发她的学习兴趣。

学习成绩的提高不是一蹴而就的,需要老师与学生坚持不懈的努力,更需要学生具有不怕困难、顽强的意志品质。于是我从小安感兴趣的内容入手,帮助她树立战胜困难的勇气和信心。她虽然是女生,但是长得和男孩子差不多,好动,喜欢体育运动,胆子大,身体素质好,这不正是磨炼她意志的好机会吗?于是,我要求她每天记录跳绳的次数,一周后我和她一起分析"跳绳记录表",她惊奇地发现自己的跳绳次数在明显增加,我又让她接着记录了。一周后,她高兴地告诉我,她跳绳的"技术"在她们小区是数一数二的。我看着孩子那高兴的劲,一种幸福感油然而生。我赶紧和小安一起分析取得进步的原因。后来,她写了一篇《跳绳有感》,文中她写道:"我跳绳有进步了,是因为我每天坚持练习、不怕困难的结果。从这件事情中我感受到:只要我坚持去做一件事,只要我去努力,我一定会进步的。"

经过一段时间的锻炼,小安能认真、及时地完成家庭作业,成绩均为"良";能主动改正错题;有困难时,向同学或老师请教;课上能主动参与到教学中,能积极回答问题;课下变得活泼开朗,愿意和同学交朋友;最重要的是她有了积极向上的信念。

我深切体会到，把孩子当作孩子，这正是素质教育倡导的人本主义教育思想的体现。后进儿童与普通儿童相比，自卑心理比较严重，自我认识水平比较低。这更需要老师从自己的思想深处接纳孩子，把他当作需要关心、爱护的人，从感情上沟通，从心理上接受，从人格上尊重，只有真正地悦纳自己，我们才能悦纳孩子。

（首都师范大学附属小学　肖怀杰）

第八说
孩子,谢谢你

"我了解他——一个仗义的小男子汉,长大便是典型的老北京小痞爷,再过几十年就是电影《老炮儿》中的六爷。所有规矩下的让人头疼的孩子,却是情感世界的先驱者。"这是一名教师写的他们班中的一个"小捣蛋",没有规矩却有满满的情感。孩子是最纯真的,喜欢就会表达出来,喜怒哀乐形于色,时常一个小举动就让老师感动得稀里哗啦。有特殊教育需要的孩子何尝不是呢?他们也会因为喜欢哪个老师而渴望与他说说话,也想通过自己的力量帮到老师,也特别希望得到老师的关注与表扬,他们不断地表达着他们的情感,而我们感性的教师们也被这些小可爱感动着,感谢他们送来的温暖,感谢他们对老师的爱。

感动我的"小石头"

说起小石头（化名），我会滔滔不绝地给你讲我和他之间的故事。我的小石头，是学校的一名特殊学生，他需要我们特殊的关爱与关注！

我的小石头，在刚入学的时候，一节课过后，自己身边就会一片狼藉；上课时，有时我会被他的举动惊得不知所措；期末考试，他会趁你不注意，分分钟把刚发下的试卷撕得粉碎。那时候的小石头，让我和班主任、家长都很无奈。

就是这样一个孩子，我却与他彼此走近。我与小石头之间有个约定，每周一下午，在其他同学进行社团活动的时候，他会把我邀请到空空的教室一起为同学服务、做值日。那是一个我俩单独相处的时间段，我们累并快乐着。一个周一下午，学校准备迎接一个检查，我要作汇报。准备工作进行时，清脆的敲门声惊醒了我，进来的是我的小石头。哦，忘掉了时间，我收拾一下赶快与他一起走进了教室。我俩边干边聊天："小石头啊，我跟你请个假，我明天有个汇报得去准备，你自己值日好吗？"他好像生气了，不言不语，默默地擦着汗水，搬着同学们的椅子，我也不再说了。正在我准备拿起拖把拖地的时候，他"生气"地推着我往外走，嘴里还不停地说着："走吧，走吧……"我便出去了。走到后门，透过门玻璃，看到小石头的身影，我又悄悄地走了回去继续和他打扫……周二下午，我在正常工作，小石头又出现在我面前，没有约定的。我在疑惑着，他开口"笨笨"地问我："您的检查合格了吗？"我懵了。我的小石头，我可爱的小石头，是你吗？我感动得眼睛湿润了，不由自主地将他搂在怀里，回过神来，托起他可爱的小脸："合格了，有小石头帮我，我必须得合格，是不是啊？"看得出他很高兴。就这样，我乐此不疲地将这件事分享给我身边熟悉他的人。就是他，我的小石头，一个学校里的特殊学生，给予我工作上的关注！

我一直不把他看作特殊学生，他是我的朋友、小伙伴！现在的小石头很懂事，上课虽偶尔也会出现些许不和谐的声响，但会与同学们一起读书，看他认真的样子，我有时会呆呆地看着他好久好久。我俩时常玩自拍，将照片传给石头妈妈，妈妈总会及时给我回复，其间充满了赞叹与"嫉妒"！

我的小石头感动了我，我的小石头，是他更坚定了我爱学生、爱事业的这份责任心。谢谢你，我的"小石头"！

（海淀区翠湖小学　管全玲）

糖糖开花

又是一个雨过天晴、阳光明媚的上午，操场上还有昨晚下雨留下的一点积水。孩子们做完了操，准备回教室，我像往常一样站在操场上，看着孩子们排队回去，像一大群小精灵。经过三周的适应和老师苦口婆心的教育，一年级的小豆包们已经学会了排队，按路线回楼。

我在这些小豆包中搜寻着，终于看到了他——糖糖（化名）。他跟在队伍最后面，步伐不如其他孩子稳健，脸上的表情比刚入学时放松了很多，但依然有一些焦虑和不知所措，十只短粗的手指互相玩弄着，后面跟着他的陪读老师。我迎面走过去，他看到我很开心，隔得较远的两只小眼睛眯成了一条缝，肉肉的脸上笑成了花，我弯下腰跟他打招呼："这是谁呀？""糖糖。"他答应着，吐字不是很清楚，不明白的人会以为说的是"圈圈"，但他的声音里洒满了阳光；同时，他很自然地用胖胖的、短短的手臂环住我的脖子，喊道："刘老师。"虽然听起来像"牛老师"，但每次听到他的声音，我都很开心——他记得并能叫我，然后他把手松开了，我们边聊边走。

突然，他迅速地冲上来，用很大的力气抓住我的手往他那边拉，一边说着什么。我没有听懂，我弯着腰说："怎么了，糖糖？"他又说了一遍，我还是没有听懂，然后他的陪读老师告诉我，他说"有水"。噢，他为了让我不踩着水，特意拉了我一把，我很感动，这个可爱的孩子！

还记得第一次见他，他坐在办公室的沙发上，烦躁不安。我边示意他的妈妈、姥姥和陪读老师，边弯腰对他说："咱们去这边吧。"他极不情愿，逃避我的眼神，往妈妈怀里钻。我意识到这个眼距宽、鼻根低平、眼裂小、眼外侧上斜、外耳小、四肢粗短的孩子是一个特别的孩子。我蹲下来，拉着他的手，看着他的眼睛，慢慢地、略带夸张地说："那边有个很有趣的地方，你带老师去找，好不好？"他的手慢慢放松，然后很开心地牵着我的手走了。他拉着我的手，充满着放松、信任，我心里暖暖的。在之后的会谈中我知道了他是一个唐氏综合征儿童，他成了我关注、关心的对象。

在之后的日子里，我曾牵着他的手数会议室里的凳子，认各种物品的颜色，带他第一次进教室，看他小心翼翼、不太熟练但充满韧劲地端着盘子排队打饭，看着他排队上洗手间、装水，排队放学，学做操时说累了想休息，参加趣味体育节的拍球项目，拿着过关卡开心地笑……

很多时候，上课的内容对他来说是有难度的，听不懂的时候他就画画、看看能看懂的书,时间久了会有一些烦躁,但不会大吵大闹。这时,陪读老师会安抚他,让他做一些他喜欢但不扰乱课堂的事,有时会带他出教室休息一下。有一次上课时间,我看见他在操场,他的陪读老师说他听不懂,就带他出来休息,然后我看着他很开心地跑过去站在一队上体育课的孩子的后面,跟着他们练习排队,虽然动作不规范,但充满劲头。

唐氏综合征的孩子一般有明显的智能落后,生活难以自理。但糖糖和他的家人用顽强的生命力、意志力努力着。在帮助他的过程中,我看到了糖糖的一步步成长:学习自理、与人交往、保护他人。我为此而感动、骄傲!

(中国科学院附属玉泉小学 刘丽君)

心常常因细腻而伟大

从事资源教师工作以来,我接触了各种各样、问题或大或小的孩子,有孤独症的、有智商低下的、有注意力不集中的。在这些孩子们当中,有一个孩子给我留下了深刻的印象。

他是一个低能儿,口齿表达不清。一开始,这个孩子没有在随班就读学生的名单里,所以我对他一无所知。由于我有他们班的综合实践课程,有次在他们班上课时,我让他到隔壁教室叫另外一名同学过来。当我点到他的名字时,其他同学都笑了,有的同学"好心"地提醒我:"老师,您怎么叫他去?""为什么不行?""他说话都说不利索,更别说把这件事描述清楚了。"后来,我才发现果真如此。他有点大舌头,说话时总感觉他嘴里像在嚼东西。此外,由于智商低于一般同学,他功课从来就没有及格过。我曾经看过他的一张英语试卷,即使是最简单的连线题都不会做;选择题4个选项,他竟然能在括号内填上一个"E";有些简单的字也会出现"缺胳膊少腿"的现象。这样的情况,对于一个五年级的学生来说,无疑是很糟糕的了。

但是，也就是这个孩子，在别的同学用完铅笔的情况下，递给他人一支笔；也就是这个孩子，在下雨的时候，把自己仅有的一把雨伞让给他人，自己淋雨回家；也就是这个孩子，在老师没做任何要求的情况下，帮老师把黑板擦得干干净净。

特别是一件小事，深深地触动了我。我有一个习惯，每次去他们班看班时，总会单独拿一把椅子，放在教室后面的角落里，那是他们班的图书角，我比较喜欢浏览教室里的少儿读物。一次，我还是如往常般到了他们教室，却发现原来位置的椅子没有了。他当时在写作业，抬头看到了我，顿了一下，随即站起身来，先是环顾了一下教室四周，然后在教室门口看到了那把椅子。他几乎是小跑着过去，低头看了看椅子，好像发现了什么，又转回自己的位置拿了两张抽纸重新回到了椅子旁边。我一直注视他的行为，我看到他把椅子表面擦拭得干干净净，然后把它搬到我身边，嘿嘿一笑说："老师，可以坐了。"我向他点点头，说了声"谢谢"，他反倒有些不好意思了，微胖的脸上现出了些许红晕。

有的老师喜欢成绩优异的孩子，有的老师喜欢嘴巴甜的孩子，而我喜欢的是这些普通但是善良的孩子。他们虽然没有骄人的成绩，但他们有闪着光的灵魂，这样干净而纯粹的灵魂让我们有些成年人都汗颜。"心常常因细腻而伟大"，有时候，我总要担心这个孩子长大后会怎么办?怎么去应对这繁复杂乱的社会?但现在我想:有这样一颗闪着光的灵魂做伴,任何的邪恶与丑陋都会为其让步。

(海淀区清河第四小学　胡蕾)

一块绿豆糕

我在查阅邮件的当口，小其（化名）一蹦一跳地出现在了门口，推门就跃了进来。进来后他却变得异常文静，低着头看着手里的小盒子，小心地放在我的面前："老师，这是好吃的。"我定睛一看，果真是一块精致的绿豆糕。

小其已经不好意思地躲到我身后，自豪地说："这是我爸爸从西安带回来的，本来还有一块玫瑰花味的要给您，不幸被同学抢走了。"说到最后声音中充满了愧疚。

我了解他——一个仗义的小男子汉，长大便是典型的老北京小痞爷，再过几十年就是电影《老炮儿》中的六爷。所有规矩下的让人头疼的孩子，却是情感世界的先驱者。

我笑着说："太感谢你啦！"我细细品味着这绿豆糕的味道，虽然只有很小的一块，不知道为什么吃下去，却把我的眼泪勾了出来。我咬了下牙，强忍住泪水，给了小其一个大大的笑脸："真甜，太好吃啦！谢谢你惦记我。"他点头腆腆地笑了笑，又恢复了活力，飞奔了出去。

我一看时间，不对啊！现在是上课时间，我高喊了一嗓子:"你没有上课吗?"他又一溜烟跑了回来,笑着说:"我们是综合课,自主开发实践呢!我打算出去研究纸飞机,先偷偷跑来给您送东西。"这个逻辑就符合小其的风格了,我笑笑说:"你还是别出去了,外面太热,会中暑的。"他爽快地答应了。

学生都很怕他,因为他一言不合就开骂,骂不管用就开打,打到对方服了为止。所以刚入学的时候,小其真是全年级最让人头疼的孩子,不服班主任管教,敢和比自己大好几岁的学生叫板。这些在外人眼中的格格不入,却是我极为欣赏的,有脾气的孩子往往都有自己的思想。

事实如此,小其想法独出心裁,对人和事的处理手段明显高于他的年龄。他情商很高,脑子足够用,看待事情很有思想,看人更是独具慧眼。凭借他的交流能力,很快获得了一帮追随者。

小其是个家世复杂的孩子,妈妈的爱对他来说只是书本上的语言。但是离奇的经历并没有阻碍他价值观的形成,相反,他的很多想法都有社会人的影子。我喜欢有担当、有勇有谋的孩子,骨子里隐藏了一些侠义情怀。

小其被罚站在门外,我偷偷带他到无人的隔壁班,我俩坐在讲台上聊天。他的嘴角上火,忍不住使劲地舔嘴唇,我上手阻止,告诉他回家抹香油,转身从办公桌拿了一个苹果硬塞给他吃下。他练网球回来,累得又饿又渴,我把饼干递过去,他却执拗着不要,我命令他快吃下。看着别的小朋友带了零食,而他却两手空空,我分了他一些,他却依旧爱面子不收,我索性都放在他桌上,掉头就走……这些琐碎的小事便是我俩这一千多天以来的记忆,这些他都记在了心间,并有了今天的举动。

小其不会知道,正是因为有了他这样的学生,我才觉得做老师是一件有意义的事情。我始终相信:最好的教育不是我教的你都会,而是我们一同成长,你在我身上学到了你看到的品质,我在你身上懂得了自己的不足。这便是我的幸福,一种心与心、身与身的生命教育。

(海淀区第四实验小学 魏佳佳)

第九说

奔跑吧，老师

现阶段我们的普通学校教师不仅拥有基本的教育教学知识，越来越多的普教老师具有一定的特殊教育专业知识，能灵活、适当地运用在班级中特殊教育需要学生身上，班中学生的情况有明显改善。有的老师还能结合自身现状和特教专业知识总结经验，将普教知识与特教知识融合起来，产生了很好的效果。在一次次的尝试与学习中，普教教师逐渐地具备了融合教育经验。海淀区学校中出现了一个个成功的案例，无不是对普教教师融合教育经验的肯定。在我们广大普通学校的教师中，有很多优秀的资源教师，也有很多运用特教专业知识后取得成功的教师，他们与班中的"麻烦"学生"斗智斗勇"，和"问题"学生"掏心长谈"，用专业的方法让这群特殊教育需要学生慢慢改善直至改变，教师们用耐心与专业服务于他们，很多优秀的经验值得我们学习参考。

听到噪音，请别怕

小英（化名）在2016年9月迈入初中进行学习生活，我也作为心理教师走进了她的生活，第一次注意到她是心理课代表给我讲述她的故事的时候：小英说话语速快，会自言自语，会因为班级太吵而哭着跑出教室，这引起我的课代表小赫（化名）的注意。小赫谨记我交给她的一个任务，关注班级中可能需要帮助的同学，及时向老师反馈。小赫觉得小英有些特殊——我们常人能够忍受的噪音引发了小英强烈的情绪反应。于是，小赫带着小英来到了心灵港湾。

小英第一次来到心灵港湾，被沙盘游戏的沙子和沙具深深地迷住了。她自由地抚摸着沙子，仔细观察每个沙具的细节，我则在一旁静静地看着，并鼓励她选择自己喜欢的沙具摆放。沙游让小英放松下来，与我建立了良好的关系。小英开始给我讲述她的很多事情：小时说话比较晚，四岁才开始说话；她很爱看书，尤其喜欢历史，滔滔不绝地给我讲述她感兴趣的历史故事；她也告诉我她在听到噪音或吵架时，心情会紧张，会害怕，会什么事情都干不下去，只想着制止噪音，或者逃离，否则会感觉到愤怒、委屈,而她强烈的反应又招致同学们侧目,她为无法自我控制而苦恼。

正值我参加海淀区特教中心组织的应用行为分析师的培训,开始研究 ABA,我用应用行为分析理论与小英一起来分析问题并解决她的困惑。

首先,我分析了在何种情境下,小英的问题行为会发生,然后应用 ABC 进行了直观的呈现。

A(前事)	B(行为)	C(结果)
班长大声维持秩序	哭着跑出教室	小助手安慰小英,小英情绪平复后回到教室
课间学生吵闹	哭着跑出教室不愿意回班	小助手安慰小英,小英情绪平复后回到教室
体育委员大声要求小英站好	小英哭着离开班级队伍	小助手安慰小英

根据 ABC 分析,我推断小英听到噪音和吵架声后的行为功能假设是自发性的,接下来我要帮助小英区分噪音对自己的影响,采取措施逐步让小英接纳噪音和吵架声。

于是,我和小英确定了目标行为是面对噪音和吵架声时不哭,能够采取合理的避免措施,我采用了差别强化策略来帮助小英。

我们共同探讨了代币系统,即小英如果在噪音和吵架声面前情绪平静便给予奖励。小英非常喜欢沙具中栩栩如生的泥塑小人,还希望能够和父母一起去旅行。于是我、小英和她父母探讨决定,每次小英表现好给予对号,四个对号换一个泥塑小人,十个泥塑小人换一次京郊行。小英就这样充满期待地开始了她的重塑之旅。

第一步,我们进行了一对一的个训课,我采用了社交故事法。

首先我带着小英想象班级吵闹的环境,让她说出自己的感受,然后启发她去分析这时的噪音对她是否有威胁,没有威胁时做什么能帮助她平复恐惧,有威胁时尝试主动解决。在社交故事学习中,小英意识到哭是没有用的,自己可以有更多的方法去解决问题。在个训中,小英尝试自我安抚,我就会及时给予奖励对号的正强化,她能够说出合理的回避措施,我也会及时给予奖励。小英在个训课中非常积极,强化物给予了她极大的力量。

第二步,进入到现实情境中去实践个训课的成果。

心理课代表小赫,也是小英的小助手,给予了我极大的支持。由于情境发生具有偶发性,我没有条件全天陪伴小英,小赫肩负起这一重任:观察记录小英的行为表现,及时给予强化。

经过一个半月的干预,小英面对班干部大声维持秩序时基本能够平静面对,并积极采取合理的回避措施,如下表中数据显示。

	12.27	12.28	12.29	12.30	1.3	1.4	正确率
不哭	++	++	++	+-	++	+	90.9%
合理措施	+	+	++	+	++	+	
能够采取合理措施的比率	50%	50%	100%	50%	100%	100%	
正确反应+，不正确反应-							

小英现在基本不会感到噪音和吵架声的威胁了，她学会了自我安抚和采取合理的回避措施，这也让她更加融入大家的生活中，她可以对自己说：噪音，我不怕！

小英的成长非常让人欣喜，也坚定了我对应用行为分析的信念。海淀区特教中心组织的应用行为分析师的培训为我打开了应用行为分析的大门，在这一科学理论和技术的引领下，我的工作成效逐步显现。我特别欣慰能够与这么多同行们一起学习、督导、讨论，我深深感受到一种职业的幸福感。第一阶段的学习虽然结束，但我对应用行为分析的学习不会结束，我将在自己的工作中不断探索。

（首都师范大学附属中学第一分校　王佳）

分析行为背后的功能，使用正确的策略回应

在普通学校中，有很多特殊教育需要学生，他们因为这样那样的原因，没有诊断证明，别人把他当作普通孩子，但他却和普通孩子有些不同，甚至格格不入。这不，我班也有几位，这次我就说一说其中一位的故事，他叫小齐（化名）。

小齐是个聪明的孩子，特别会背古诗，上课爱发言，还有一副好嗓子，我喜欢他美妙的歌声。但是，小齐也很淘气，一年级上学期的每个课间他都在楼道里跑来跑去，上课也经常在老师讲课时插话、动同学东西等，各科老师多次教育也不见有长期的效果。他总是犯了错误，保证改正，好了那么一天或半天就又开始了。这类孩子有的程度比较轻，我们称之为"淘气"；但程度重的，我们会怀疑是否是"多动"。我们姑且把它们都当作孩子的"淘气"吧，那么为什么教育没有长期效果，总是反复呢？

我反思了之前对他的教育策略，又回忆了他每次做错事的前事、行为和结果，运用 ABA 的原理，对他作了问题行为功

能分析及家长访谈。我发现他每次做出不同的特殊行为的功能,都偏向于得到关注或逃避某件自己不喜欢的事情。其实,许多孩子都是为了得到关注才淘气的,长期这样下去,会使他们对自己的自信心不高,觉得自己就是个淘气的孩子,不是好孩子,这种潜意识中的东西,会致使孩子的发展进入恶性循环,最终可能酿成大祸。

如何才能教会他懂得做出好的行为才能得到关注呢?

首先,我利用班级的优秀小队评比制度,奖励那些做出好行为的学生。具体做法是:每天奖励分数最高的小队 1 颗红五星,每周一总结上周各小队得星情况,得到几颗红五星,我就奖励几面小红旗,贴在教室后面队角的光荣榜中。这一强化措施就是团体后效行为,可以有效地增强学生的团体意识,增加好行为出现的概率。当然,问题行为特别严重的,要相应地扣除分数。但总体以奖励加分为主,因为扣分即是惩罚,惩罚只能降低坏行为发生的概率,并不能增加好行为的概率,而且惩罚多了,学生就不在乎加分的奖励了。

其次,我利用学校的小白果奖励制度。针对小齐个人,我与他约定了每天课上要做到的 3 点好行为,并把他安排在教室的第一桌,方便我们俩一起给他记录做出好行为的次数,这一策略是差别强化替代行为(DRA)。一节课上做出 5 次好行为,我会相对应地给他打 5 个对号,5 个对号奖励小白果印章 1 个。

和班级的其他孩子一样，起初是 6 个印章换 1 张小贴画，现在是 10 个印章换 1 张小贴画。因为初期要先增加兑换的机会，让这个代币系统成为学生真正想要的强化物。在他不能做出好行为时，我会告诉他，哪里做得不好，扣除他的对号；当然如果后续表现特别好的话，还可以把对号加回去，这一做法是反应代价。

最后，针对他课间的追跑行为，我也和他制定了差别强化其他行为和差别强化不兼容行为（DRO+DRI）的策略。具体做法是：我帮助他列出了他课间可以做的事情，并约定好了课间休息时间表。因为老师工作很忙，不可能一直盯着他，所以，我在看他的时候，他做出了正确的好行为，我就会奖励他对号，一天够 5 个对号，还能得到小白果印章 1 个。

在这三种不同情况下，我对他进行了基线期测量和干预期对比，发现他的问题行为确实在逐渐减少，而且反复的现象很少，有的可以说没有再出现。因此，当我们觉得孩子淘气老犯错时，我们应该反思，是不是自己的教育策略没有找对，而不是孩子不好管。

（首都师范大学实验小学　李子玉）

托起他的手去点亮那盏灯

在我做资源教师的日子里,发生着许许多多的故事,或感动或忧虑或牵心或欣喜。而有个小男孩是最让我牵挂和忧虑,也是最让我欣喜和感动的。

第一次认识他,是班主任请我去看看怎么帮助他:他的情绪说失控就失控,不管课上课下,只要觉得别人惹他了,就大哭大喊,或者踢桌子踢人踢东西,或者干脆躺在地上不起来。他就是眼睛大大、皮肤白白的男孩小奇(化名)。

通过老师和家长的反馈,我知道他是精神及智力水平不正常的孩子,经过一段时间的观察,我确定老师说的是属实的,于是我开始了我的计划。

第一步我找到孩子的妈妈进行交流。妈妈和儿子长相极其相似,更重要的是,从谈话中我发现,孩子的急躁、情绪问题、交往问题在妈妈身上似乎都有。谈话中,妈妈意识到自己的问题给孩子带来的影响,内疚地表示:"都怪我控制不好情绪,工作也忙,看他不听话就老是打他骂他,很少和他耐心聊天。"于是我们约定好,一是自己有情绪时先处理好自己的情绪,否则先不要管教孩子;二是列出孩子所有的优点,多看孩子的好和他的努力,及时具体地表达赞赏;三是针对孩子一周内的一个最重要问题进行纠正,我们共同制定了策略,根据孩子的喜好设定强化物和评价表格,并详细演练操作;四是请孩子父亲一起参与。

这是一个非常开放和愿意改变的家庭,也正是因为父母的配合,孩子获得了改变的空间。几天下来小奇似乎平静了很多,一天早上小奇笑容满面地告诉我:"老师,我妈妈最近没打我,睡觉前还抱我呢!"他开心的样子我从没见过,好可爱,连班主任也说他最近情绪还不错,我欣喜地鼓励小奇。但是好景不长,没过两天,班主任就找我了,并把他上课躺在地上的照片发给我,说:"课上老师实在没有办法了,我们真的一点办法也没有了。"那天我在校外开会回不去,就安慰老师,但感觉自己的心是焦灼的,好像看见自己就站在教室外面,男孩躺在教室地上,全班都因为他乱哄哄的。我告诉自己,要冷静地寻找原因才行。

第二天一上班我就到孩子的教室,有同学告诉我小奇昨天的事,我和老师简单交流了一下,了解了课上发生的事。小奇本来很正常地上课,上卫生间回来就大喊大叫发起脾气来。我请小奇和我一起来到咨询室,能看出来他特别紧张,感觉自己闯了祸要挨说似的。于是我先邀请他玩玩沙盘,然后聊聊昨天课上的情况，他说是因为同学趁他上卫生间，撕掉了他好不容易做好的作业，他一生气同学就开始笑他了，他就更生气，想起我告诉他不可以在课堂大喊大叫，但又不知道怎么办才好就干脆躺在地上了。他声音很小，然后担忧地抬头看我，不知怎的，我心里忽然泛起一丝感动，我握起他的手对他说："小奇，虽然你昨天在课堂上做了不当的行为，但老师还是觉得你很了不起，因为你在尝试着努力控制自己，对吗？"他不相信地看着我问："真的？"我用力地点头。然后我看到他的恐惧退去了，希望的神情涌到脸上。

根据前一段时间的观察和这次小奇闹脾气事件的分析，我发现了小奇发脾气的一些规律，不是因为同学笑他发言不好，就是因为同学说他某种行为不当，这次发脾气依然是同学的嘲笑才最终引起他的爆发。他非常介意同学是怎样看他的，每一次发脾气都是为了逃避同学的嘲笑，希望通过自己的方式获得大家的接纳，但反而加剧了大家对他的看法，他希望能有更好的方式去面对同伴。我确认了小奇改变行为问题的需求，借助他强烈的需求来让他学习怎样的行为可以获得别人的认可。

于是我实施了我的第二步计划。因为小奇有很好的思维能力，并且也非常想控制情绪，不要大家再笑话他，所以我利用思维导图边画边和他分析他发脾气的过程和后果。小奇在和我一起画图的过程中发现了每次自己发脾气都是为了不要大家那么嘲笑他,但是也正是因为他发脾气、踢东西、躺地上不起来,影响了同学上课或玩耍,吸引了大家的注意,才使更多的同学对他指指点点、嘲笑他。小奇说:"老师,我发脾气的结果是让同学来嘲笑我。"我说:"小奇很会动脑筋,如果我们学会用另外的方法与大家相处,小奇就是受大家喜欢的好朋友。"

接下来的时间里,我们耐心地演练和同学、老师交往时表达自己感受和需求的方法,我们一起制作了提示牌和好行为记录单。

一周以后,家长打电话感谢我说:"感觉小奇的脾气好多了,老师夸他进步了,我们也松了口气。"我开心极了,但依然告诉自己,关于小奇的问题还有一些事情需要处理。

第三步计划是同时实施的,我利用两个午休的时间和全班学生就如何与同学相处、如何看待自己和同学的不足进行了交流。很多学生能够理解什么是换位思考,能够很大程度地理解小奇的感受,有几个同学愿意做小奇的朋友,并友好地提醒他哪儿有问题,鼓励他进步。

期末的时候,小奇看到我时笑着告诉我,他有很多新朋友了。有两个同学说,小奇一直没有发过脾气,还帮助同学调解矛盾。我也分别访谈了各学科老师,有的老师好像并没有察觉什么,但提起小奇,突然像想起来了似的说:"哦对了,他好多了呀,一直没有发过脾气了!"有的老师问:"你对他做了什么?"我一时语塞。

  细想来,并不是我对小奇做了什么,而是我有幸找到了小奇行为背后的原因,激发他自己去寻求改变。很多时候,对于孩子的成长和改变,与其老师、家长为孩子直接去做什么,不如让我们托起孩子的小手,引领他们自己去点燃那盏照亮心灵的灯。因为,其实每个孩子的心灵深处都有一份向好的追求,一份对美好、对进步的渴望。

(海淀区中关村第三小学 杨贺)

行为分析在课堂教学中的应用

我们都知道："优秀是一种习惯。"在学校里，习惯主要指学习行为习惯，学习行为习惯对学生的学习效果有着很大的影响。作为教师的我们，不仅仅要传授学生知识，还要帮助学生培养良好的学习行为习惯。

一个学习效果差的学生，他的问题有很多，比如说趴桌子、睡觉、不听课等等，我们如果想提高他的成绩，那就得让他参与课堂，得让他听课。那如何让他听课？至少得让他抬起头，坐姿端正，然后记笔记、做题……这些都是我们要改变的行为问题。实践证明，行为分析学在课堂中的应用，对学生良好学习习惯的养成是行之有效的。

流程：

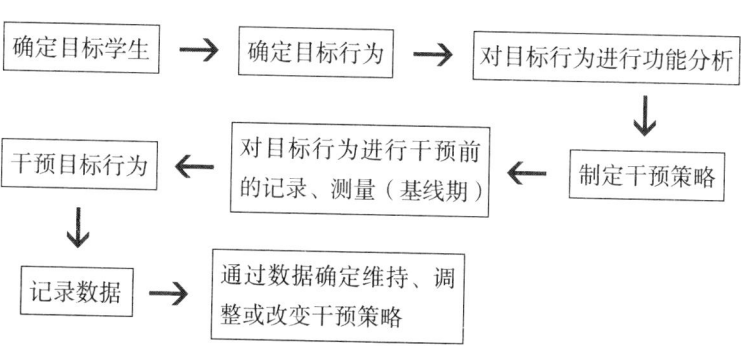

案例:

(1) 确定目标学生

· 姓名:小明(化名)

· 教育安置:普通学校高中二年级

· 行为特质:学生的指令控制能力较强,但是维持时间较短;能够独立完成学习任务;对生物学科的学习有逃避行为。

· 强化物:代币——健身房、团体契约奖励项目加优秀个人奖励项目。

· 能力状况:学生的认知能力好,能够理解高中阶段的学习内容,热爱运动,有较好的记忆力和逻辑思维能力。

(2) 确定目标行为

· 生物课上,学生除了喝水、吃东西外,其余时间都趴在桌子上,不听课,不参与课堂相关的教学活动。

(3) 对目标行为进行功能分析

表1 对目标行为进行功能分析

前提	行为	结果	功能假设
上生物课	学生趴在桌子上	老师走过去拍一拍他,学生坐好	逃避/避免或引起注意或自发性
老师接着讲课	学生坐好,一分钟后趴在桌子上	老师继续讲课,没有再给他指令	逃避/避免或自发性

续表

前提	行为	结果	功能假设
上生物课，老师叫他回答一个问题	学生坐在座位上看也没看，说："不会"，然后低头趴在桌子上	老师继续讲课	逃避/避免或自发性
上生物课，老师给他资料，单独辅导他	学生把资料扔进了桌斗，趴在桌子上	老师继续讲课	逃避/避免或自发性
数学课	坐姿端正		排除自发性

（4）制定介入策略

·目标行为：趴桌子、不参与课堂教学

·介入策略：区别性强化（DRA）、自我管理、行为契约、塑造、团体后效、削弱

·测量方式：一节课内趴桌子的次数、知识点的掌握个数

·通过标准：一节课内趴桌子次数为零、每节课掌握老师教的重点知识点

（5）对目标行为进行未介入前的记录、测量

·工具：纸、笔

·程序：生物课四十分钟内，老师记录学生抬头听课的次数以及学生正确回答知识点的个数，抬头记录为"+"，正确回

答记录为"+",教师或同学辅助完成记录为"P",不能完成记录为"-"

·测量:一节课收集8个数据,收集5节课的数据,取平均值

(6) 干预目标行为

·通过访谈了解学生的强化物

·制定行为契约,使用代币系统强化

·先针对学生趴桌子的行为进行干预

·趴桌子行为消失稳定后,对学生不积极参与课堂教学进行干预

·划分学习小组,使用团体后效策略

(7) 记录数据

表2 坐姿教学记录

1	2	3	4	5	6	7
+	+	+	+	+	+	+
+	+	+	+	+	+	+
+	+	+	+	+	+	+
+	p	+	+	+	+	+
+	+	p	+	+	+	+
+	-	+	+	p	+	+
+	+	+	+	+	+	+
+	+	+	+	+	+	+

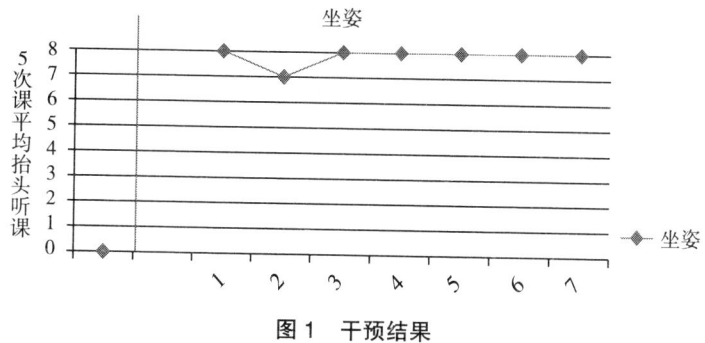

图 1　干预结果

表 3　进阶坐姿教学记录

	1 （小组课）	2 （小组课）	3 （普通课）	4 （小组课）	5 （小组课）	6
1-20	+	+	+	+	+	
21-40	+	+	+	+	+	

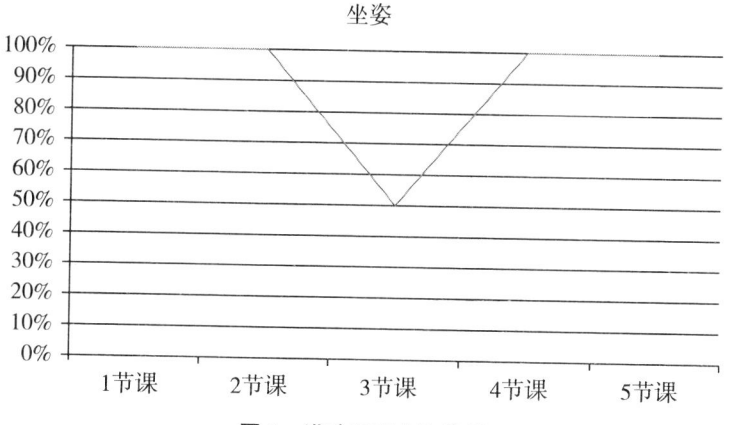

图 2　进阶干预坐姿结果

表4 参与课堂教学记录

每次课主动回答问题	1节课	2节课	3节课	4节课	5节课
	4次	3次	1次	2次	3次

	1	2	3	4	5
学生回答的知识点数	2个	2个（一个是辅助完成）	2	2	3
学生掌握知识点累计	2	3	5	7	10

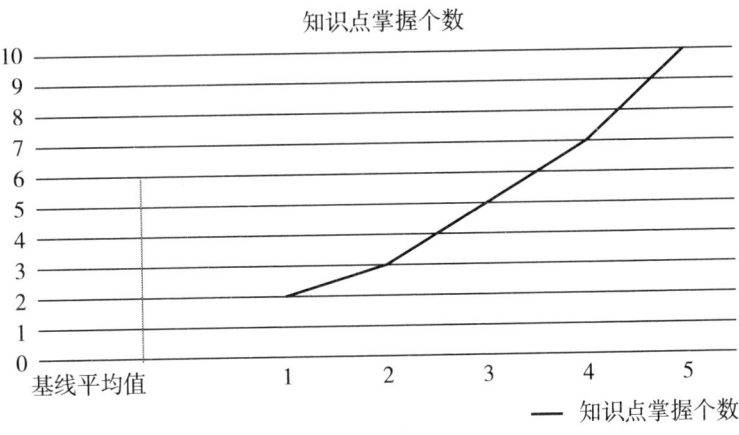

图3 进阶干预参与课堂结果

（8）通过数据确定维持、调整或改变干预策略

学生的坐姿明显改变

干预初期，每五分钟给一次强化，学生坐姿正常并连续五天保持稳定，现在采用二十分钟给一次强化，学生坐姿正常。

学生参与课堂效果

课堂参与干预效果很好，学生主动回答问题次数逐渐增加，正确率很高，尤其在小组课中表现突出。

（北方交通大学附属中学第二分校　王秀丽）

照片背后的故事

这个游戏，我也会玩了

清晨上操是小磊（化名）最喜欢的活动，喜欢律动的他在上操的时候总是很高兴。这两天早操的时候，体育课王老师带领学生们做了几个小游戏，来训练学生们的反应力。游戏是这样子的：老师喊出一个数字，学生们就快速地和周围的小伙伴拥抱，拥抱的人数要正好是老师喊出的数字。学生们对这个游戏很感兴趣，可是小磊就不明白这是怎么一回事，呆呆地站在一旁看着同学们。于是我就拉着小磊的手，告诉他游戏规则，并鼓励他与同学们拥抱。不仅如此，我也加入了学生们的游戏中，并主动去拉小磊，慢慢地小磊好像明白了，也渐渐主动地加入游戏。

游戏开始了,小磊在一旁观望着。

当有同学想主动和他拥抱时,小磊是排斥的。

当我给予他适当的引导后,他能主动地去拥抱同学。

看!抱住了!

看！他在成功地完成游戏后多高兴呀！

当同学再主动与他拥抱时，他也能够接受了，虽然每次拥抱的时间都是那么短暂。

我是老师小助手

每个孩子在帮助老师做事情的时候都是非常乐意且自豪的，这对于小磊也不例外。

一次，我给他判完作业为他盖上印章后，他没有像往常一样离开，而是站在我的办公桌旁，伸手拿起了桌子上的小印章。正在这时，我又判完了一本作业，正要盖章，看到小磊手里拿着印章，就指着作业本对他说："来，在这里盖一个章。"

小磊听话地在本上盖了一个章,然后抬起头,直视着我,眼里充满了喜悦。我发现他喜欢这个事情,于是就让他坐在我桌子旁,帮我给学生们盖章。

这个工作看似简单,但是让小磊来完成既培养了他为同学服务的精神,也在给同学们盖章的过程中增加了他与同学们的交往。

我在指导小磊如何盖章。

慢慢地,他已经可以自己完成任务了。

看！他做得多认真呀！

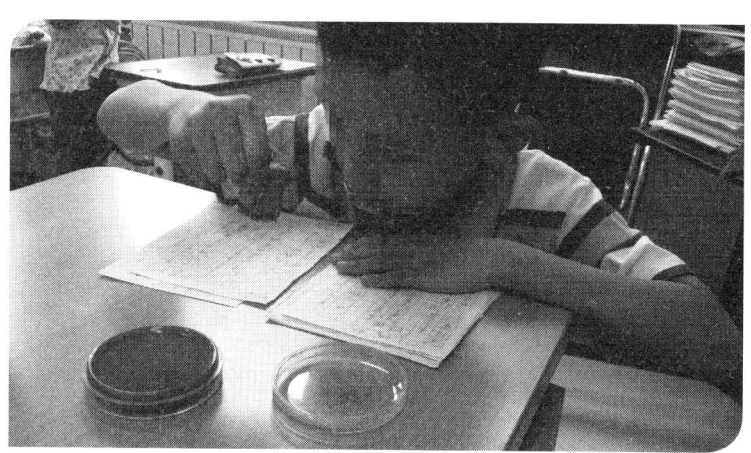

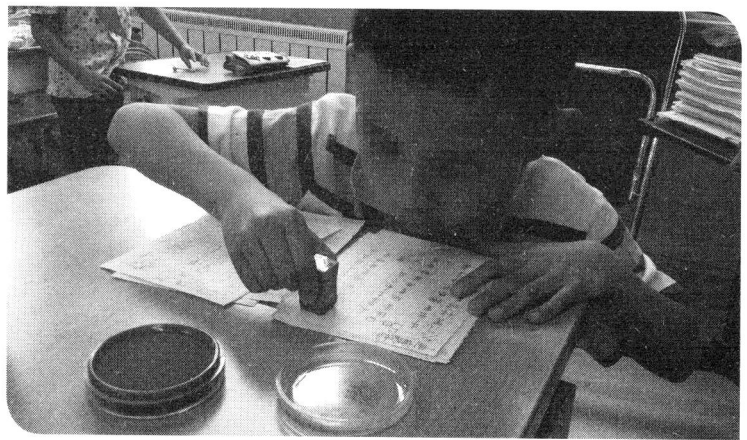

我是班级小主人

虽然小磊是一名患有孤独症的学生,但是在"我是班级小主人"的教育上,我对他的要求和对其他学生是一致的:要有主人翁意识,要在班级承担一些力所能及的工作。经过观察和反复练习,最终我让小磊负责为班级倒垃圾。

一开始,小磊并不会倒垃圾,一是不知道怎么倒垃圾,二是不知道垃圾倒在哪里。于是我就让班里的学生带领小磊去倒垃圾,让小磊看看应该怎么做。可是去了几次,我发现小磊并没有进入角色,只是在同学身旁跟随。于是,我就告诉带领小磊倒垃圾的同学:"再去倒垃圾的时候,让小磊提垃圾桶倒垃圾,你在一旁跟随。如果小磊做得不对,你告诉他应该怎样做。"就这样,小磊倒垃圾的时候,这个学生又跟随了几次。当我得知小磊已经会倒垃圾的时候,就试着让小磊自己去倒垃圾,陪读张老师在后面只跟随小磊到楼门口,在楼门口观察小磊倒垃圾。一段时间后,小磊自己就能独立完成这个任务了。

现在,小磊每天要为班级倒两次垃圾。有时有美术课,同学们剪纸后垃圾过多,他也会去倒垃圾。

我去倒垃圾。

我在倒垃圾。

倒完垃圾。

检查一下，倒干净了吗？

任务完成,凯旋!

照片背后的故事记录了小磊的成长过程。看到他一点一点地进步,我真为他感到高兴。

(中国农业科学院附属小学　关颖)

音乐课上的"小插曲"

在日常课堂教学中,相信每一位教师都希望有良好的课堂纪律,从而保证教师所设计的教学过程能有条不紊地进行。处在小学阶段的孩子,特别是低年级的孩子,他们活泼好动,注意力集中时间较短,课堂40分钟的长度对于他们来说有着一定的考验,而他们的顽皮好动又给教师带来了一些或大或小的麻烦。因此,对教师来说,适度处理课堂上出现的"小插曲"就显得尤为重要。

那天是一年级一班的音乐课,为了让孩子体会四二拍欢快、活泼、具有跳跃感的节奏特点,我问道:"同学们,你们都知道哪些动物走路时是一蹦一跳的呀?"孩子们回答什么的都有:"小兔子、小青蛙、小袋鼠、小羚羊……"突然有个孩子说:"跳蚤。"我愣了一下,不过还是及时反应过来:"跳蚤也确实是蹦跳着的。"我在全班同学面前夸赞他很有创意,与众不同,那个孩子得意地坐了下来。其他小朋友一听,也纷纷说道:"还有蚂蚱、蟑螂、屎壳郎……"我的天哪!孩子们也不管会不会跳,就回答出了许多并不可爱也不益于模仿的虫子。我赶紧想办法,把孩子们的注意力从虫子身上拉回来,按照设计好的思路进行下一环节——体态律动的游戏,让孩子们分组模仿小兔子、小青蛙等会跳的小动物,合着音乐在教室里自由律动……前两组进行得都很顺利,可当第三组开始律动时,有一个孩子居然伸直两只胳膊吐着舌头,一蹦一跳地朝我走来。我很惊奇,问他:"你模仿的是哪种小动物啊?""老师,我模仿的是僵尸。"说完还得意洋洋地原地蹦了一圈。教室里的其他孩子顿时炸开了锅:有跟着他模仿僵尸的,有害怕捂住眼睛不敢看的,有自告奋勇给同学们讲鬼故事的……面对就要乱作一团的课堂,作为教师的我要尽快控制局面,于是我大声问全班的孩子:"僵尸跳起来美不美?""不美。"孩子们拖着长音回答道。看到其他同学没有站到他这边,那个孩子耷拉着头不吭声了,我建议:"和大家一起模仿小青蛙好吗?""老师,我就是喜欢僵尸。"孩子拒绝我安排的角色。

有时,课堂中的"小插曲"可以归咎于学生的纪律观念不强,或者自控能力不强。但是,从心理学角度来讲,学生对教学的"游离"和"对抗",有时可以看作是"任务唤醒不足"而产生的后果。面对这个小调皮,我意识到,他自尊心很强且固执,如果采用纪律约束,以教师权威的外部力量强行让这个小家伙服从安排,必定会破坏和谐的课堂气氛,同时还会打击孩子学习的积极性,怎样处理才能做到适度呢?

既然我们上的是音乐课，一切内容或活动形式都应该是围绕音乐而开展的，音乐应该成为孩子们"蹦蹦跳跳"的依据。于是，我觉得还是要用音乐的方式去解决。我反思：可能是律动的背景音乐太诙谐，致使他联想到了僵尸。音乐课是美育课，审美是音乐课的最本质特征，孩子们小，不太懂得这个道理，但爱美之心人皆有之，孩子们也不例外。学僵尸不美，孩子们都知道，所以我决定再给他一次表演机会，但这次我把播放的背景音乐换成了与僵尸形象有着强烈反差的、旋律优美的四二拍音乐，并给孩子们强调一定要听着音乐来做动作，把孩子们的注意力转到音乐上来。当孩子们再次表演时，那个孩子继续扭了几下"僵尸舞"，但配合着新换的背景音乐，他觉得好像有点格格不入，没刚才那么好玩了，这个小调皮挠挠头，自觉地和大家步调一致了。在这里，我用音乐的方式，以美为评价标准，从"任务唤醒"入手，让孩子感受到尊重和关怀，从而自然地消除"游离"状态，欣然投入到学习中去。

正如陶行知先生说的："你的教鞭下有瓦特，你的冷眼里有牛顿，你的讥笑里有爱迪生。"其实，"小插曲"是课堂教学中一个重要的组成部分，教师要适度地处理课堂上的"小插曲"。它像一柄双刃剑，处理不好会影响教学效果，处理得当会碰撞出思维的火花，可以为课堂教学增色添彩，激发学生学习的兴趣，让音乐课堂魅力无穷。因此教师遇到课堂"小插曲"时，要用"宽容的心态、赏识的眼光、智慧的举措"来看待学生的所作所为，适度处理课堂偶发事件，化弊为利，为我所用，使其为音乐课堂的高效教学更好地服务。

（海淀区永泰小学　边静）

浅谈提高随班就读学生数学学习能力的策略

教育的真谛在于让人能充分发挥自己的才能,正如对待随班就读学生,要求教师要针对这些学生的个性特点,在保证普通学生学习的同时,让随班就读学生也有收获。可如何让随班就读学生在数学课堂中也有所收获呢?为此,我进行了一些尝试。

激发兴趣,创设环境

随班就读学生大多沉默寡言,内心比较自卑,他们的生活中常伴有歧视和批评。所以,作为教师,应为其营造一个积极的学习环境,帮其树立自信心,对其进步及时给予表扬。在我的班级中,哪怕他们今天上课比以往多集中一分钟的注意力,我都会特别地表扬他们,目的就是让他们也能感受到成功和被表扬的快乐,帮他们树立自信,这种自信会帮助他们更加积极主动地参与到课堂当中,让他们在数学课堂中有所收获。

分层教学，各有所得

当前的课程标准，对于普通学生有着统一的要求，包括知识点应掌握到理解还是灵活应用。但是，这些要求如果一成不变地用到随班就读学生身上就明显不适用了。由于随班就读学生和普通学生在身心发展上是有差异的，因材施教的数学教学目标，应根据随班就读学生的残障类型和程度，实行分层设定目标。同时，在为随班就读学生设定目标时也要兼顾普通学生的教学目标，让两者相互协调。随班就读学生的教学目标设定应在其认知起点的基础上，在他的最近发展区上设定，从而最大限度地激发随班就读学生的潜能。比如我在《随机事件》一课中，针对普通学生的教学目标是：

（1）理解必然事件、不可能事件、随机事件的概念；

（2）区分必然事件、不可能事件、随机事件；

（3）在改变条件的情况下，必然事件、不可能事件和随机事件可以相互转化。

针对随班就读学生的教学目标则是：知道必然事件、不可能事件、随机事件的概念。

在教学过程中，我也有所侧重。在课堂提问时，我把简单的容易理解的题目留给随班就读学生回答，同时在摸球游戏的环节中也给随班就读学生提供机会。这样做能有效地让他们融入课堂中，同时体验成功的快感，真正融合到班级中。

小组合作，加强融合

通过小组合作交流的形式，可以给学生相互学习交流的空间。在我的课堂上，有随班就读学生的小组都会伴有两名"阳光伙伴"，他们的作用就是帮助随班就读学生一起参与到课堂当中。在此过程中，我发现所有作为"阳光伙伴"的学生不仅学习成绩没有受到影响，而且相比以前，他们更加懂得如何关心和帮助别人。在他们的配合下，整个课堂气氛更加温暖融洽，使得随班就读学生也真正融合到了课堂中。

个性辅导，增进融合

每名随班就读学生的个人情况都是不同的，教师在日常教学中，如果想课堂中的每位学生都有所收获，就必须做好随班就读学生的个性辅导。因为只有随班就读学生也能融合进课堂中，才真正算得上是全员参与的课堂，随班就读学生的状态也是会感染到普通学生的。由于自身各种障碍，他们在学习数学的过程中基础很薄弱，大部分达不到普通学生的要求。对于他们来说，只要数学课能参与到课堂中，不是傻傻地坐在位子上就已经是有所收获了。课堂对随班就读学生而言，是要在课堂学习的过程中学会与人交流，为他们日后融入社会这个大家庭中打下基础。所以，对随班就读学生进行个性化的辅导并不会像想象的那么费时费力，简单来说就是用心交流。

教师在面对随班就读学生时需要更多的耐心和关心，不能让他们成为班级的"累赘"。他们同普通学生一样需要知识，需要关怀和肯定。通过我的实践，我发现只要给随班就读学生创造一个良好的学习环境，同时制定他们力所能及的学习目标，通过小组合作和教师个性辅导的方式帮助他们学习，他们也是能够在数学课堂上有所收获的。有了这些收获和肯定，他们以后的路才能走得更顺畅，教育也才真正做到了融合。

（北京市八一学校附属玉泉中学　陈琳）

第十说

永恒的温馨

长久以来,老师与学生形成了亲密的关系,他们无话不说,他们胜似亲人。在学校中,老师经常扮演爸爸妈妈的角色,陪伴孩子一天天长大。班中特殊教育需要学生也是老师的孩子,但是他们大都关闭了自己的心门,不愿走出来,外面的人也无法走进去。有爱的教师们用细心和爱心去打开他们的心门,打破阻隔沟通的城墙,走进他们内心,拉近心的距离。

我和她的故事

她是一名孤独症孩子,是一块貌不惊人的石头,也许是陨落于天际的星星。落到地球上的星星,融入地球生活,是一件令其惶恐又吃力的事情,她更需要我们的关注和帮助,需要我们的陪伴和支持。

她的苦恼

她有较强烈的上进愿望,可智力测试得分为 68 分。我观察到她的学习优势为音乐、美术、表达和空间想象,她告诉我她喜欢看电视、吃东西和睡觉。她能积极地参与班级活动,积极地寻求处理自己问题的方法。有一阵子,她跟我反映较多的事件是因为做事有头无尾导致小组卫生等方面被扣分,继而遭到嘲笑和奚落,又由于学习拖小组及班级的"后腿"而遭到排斥。她几度向我哭诉自己的痛苦与不解,极力为自己申辩。我为她能够清晰地表达自己的切身感受而感到庆幸和骄傲。

她有鼻炎,在班级生活中,每天都要不断地擤鼻涕,脖子上的污垢也清晰可见。她先是被男孩子嘲笑为脏孩子,后来学生纷纷远离她,还有同学到处宣扬她不洗澡、臭烘烘的。在我的课堂上,每次她主动回答问题,都会引来一阵嘲笑和反驳,她每天上课都是坐在最前排闷声不响、愁眉苦脸。每次我一去上课,她就用一种渴求的眼神望着我,当我称赞她的作业完成得好的时候她才会低头微笑,但她的快乐会瞬间被一片唏嘘声掩埋。其他老师也总是能够听到她抱怨与委屈的声音,时间一长,有些老师也对她产生了偏见。

量身定制

我立刻意识到像她这样的随班就读学生的成长环境需要我们去努力改善,同时,我也想借此机会将教师与环境资源尽可能多地整合起来,将融合教育理念在学校推广开来。我认为改变大环境才能真正地、更好地为随班就读学生提供服务与支持,一方面可以建立随班就读学生的自信,另一方面可以为随班就读学生营造一个尊重、友善的成长环境。于是,我便在对随班就读学生进行个别辅导的同时,开始逐步推进学校为随班就读学生创设尊重、友善的成长环境的工作,以期能够提供影响孩子一生的、积极的、接纳的大环境。当然,这需要的是合力,而不是单一的力量,但必须有先行者才可以完成，我愿意做这个先行者。

环境创设

自我环境的创设对学生来说是很重要的，是否客观认识自己、评价自己关系到学生的一生，初级目标主要是通过训练帮助她正确认识自己、培养自信心、塑造自我形象。例如"我的优缺点""我的救星""自我介绍""专注的眼神训练""想象表演"等练习，有时还借助了沙盘游戏治疗、发泄柱、跑步机等来对其进行疏导。班会课也通过观看励志影片、讲述励志故事等形式倡导远离偏见和歧视、尊重生命与差异的思想。

起初，她有些快乐了，告诉我她有缺点，要讲卫生、勤洗澡，还告诉我她也有自己的优点，唱歌很好，参加了校合唱队并且入选了，画画也经常受表扬。我鼓励其优势学科的教师尽可能多地鼓励、肯定她，并就此制订了针对她的优势而进行的个别化教育计划，主要通过绘画、表演等形式来强化其优势意识。

"我心目中的圆"

"食物乐园"

在初中阶段，我们作为教师，能给她的只有一个安全、接纳、快乐的环境，让她能够感觉到存在的意义和价值，她也同样拥有各种权利。我能做的就是努力为她创设这种环境，不是不可能，而是能否让大家信服并且体验到这种环境给人带来的巨大的幸福感。每每有机会和老师们交流，我都会有意识地传递这种理念，只有合力才能真正为随班就读学生创设接纳的成长环境。因为开明的领导、智慧的教师、有力量的团队都是创设这个大环境的有力保障，我们学校需要一个导火索来引燃教育改革的热情，我愿意做这个导火索。

但没过多久，她再来我这里接受辅导的时候，就痛哭流涕地诉说起自己不愉快的班级生活了，班里同学仍然不接纳她。她说自己已经很注意卫生习惯的养成了，但是还有同学嘲笑她脏。她最伤心的一幕是她做值日生那天发生的事情，她负责接水、洗擦桌布。上课时黑板没有擦干净，老师问是谁没有做好值日，那位同学就说是因为抹布和水太脏了，所以没有擦干净黑板，最后大家都说："她用过的抹布你还敢用！"她听到这句话的时候眼泪就不由得流了下来，她跟我说她的自尊心承受不了，当天的沙盘呈现的就是对抗的图景。

班里有些男同学向我告状说："老师，她就是仗着您，她经常跟我们说：ّ你有本事当着李老师面说我呀？'我们都很气愤！"我说："好啊！那我们就当面说说看！正好她也有话要对大家说说呢！"我感觉班级里已经出现了破窗效应，只靠学生自我认识是不够的，自尊心的建立与维护需要有一个自我环境和大环境的融合，如果班级不能够有一个接纳的环境，对她及对整个班级都是一件很可怕的事情。于是，我就找到了她所在班级的班主任及任课老师，希望共同来营造一个接纳、快乐的班级环境。

　　之后的一天，她找到我，希望当着我的面，与全班同学沟通，还写了一封信给班里同学让我代读，我邀请了她的班主任一起来上这堂课。面对她面带哭泣的真情交流，我发现，男生对她的印象并没有太大转变，有几个女同学站起来说："你不要总是想别人怎么看你，关键是你要自己看得起自己！"我就此机会为她争取了一个支持伙伴，希望她能不再感觉到孤单。同时，又和班主任及关注她、接纳她的任课教师统一了思想——尊重差异，接纳关注。

　　在推进班级环境、教育环境、学校环境的同时，我们还要推进家庭环境的创设。我了解到她的父亲也存在智力障碍问题，母亲说这个孩子在家里爱看电视，一边吃饭一边傻笑，最后能把碗都摔了，家里对孩子的关心也不够。我与她所在年级合作，在家长会上进行了《会爱才会赢》的讲座，将接纳与爱的理念传递给家长们，希望家庭也能够给孩子一个尊重、友善的成长环境。家长会后我还单独与她的家长进行了沟通，希望她们能为她的进步与执着加油。

　　校领导也开始重视教学资源、教学环境的支持辅助作用，强调"大环境"的接纳力量，力主在学生与环境共同改变与调整中强调环境建设的教育教学模式，我们不再允许随班自流、随班就坐现象的发生，并开始制定终身教育目标以达到学生可持续发展的教育目标。

获得机会

有些学科的老师也本着全纳教育的理念，在教学过程中给她提供展示机会，我就鼓励这些教师既注重整体也鼓励个体，继续努力营造尊重、公平的教学环境。

推行了一段时间后，我们发现她的成绩有了提高，学习积极性也提高了很多，她还成了某些科目的课堂主力，同学们也慢慢接纳了她。同时，我还组织了团体活动，旨在推进小组合作。在时间管理、生涯规划等练习中她表现得也很出色。

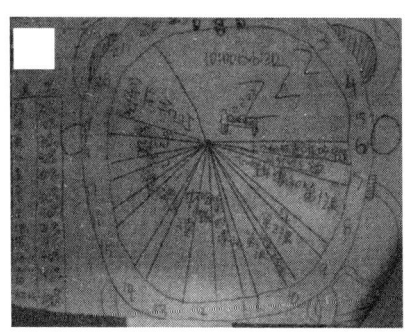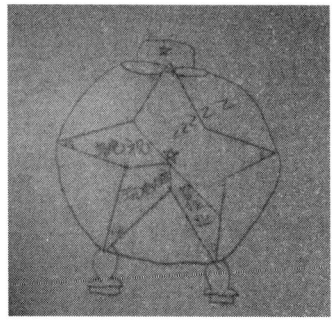

"我的时间表"

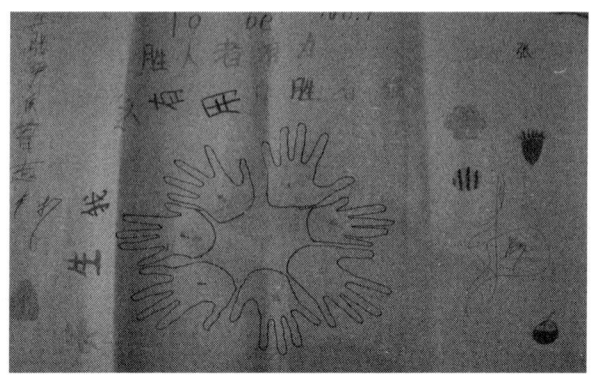

小组图标设计

共同成长

就是这位"天使",促使我们努力推行"创设尊重、友善的成长环境"的理念,关注她的成长环境,从而促进了我校新的师生关系、教师关系、学生关系的发展,以及教与学中对教学目标、教学内容、教学环境、教学评价等等一系列的变革,也促进了我提出的"学校(教育行政)、教师、家庭三角支架理论"的实施,使我校由单一的教育模式转变为更适合学生发展的多元化的现代化教育模式。

现在,每次见到她,她都有要好的朋友陪伴,抬头挺胸,面带笑容,脆生生地喊一声:"老师好!"我从心里由衷地感到欣慰与骄傲,以后我们学校的"天使"都会是这样的精神面貌。

她经常回到我这里来,给我放下一根棒棒糖或者她喜欢吃的零食,对我一笑,然后离开。那天,她去了圆明园,还专程给我送来一个莲蓬,告诉我很好吃,还耐心地教我怎么剥开莲子。我幸福地吃着,她高兴地笑着。

写在礼物包装纸上的信

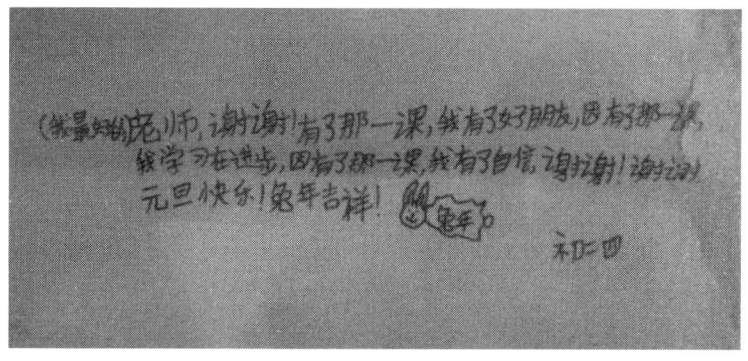

常回家看看

2016年的一天,她来学校看我,我带她到校园欣赏园景,她现在学习影视制作,很平静地生活着。她让我给她拍照,和我合影后,跟我说:"老师,我们的学校越来越美啦!"我说:"嗯!因为美丽的你曾经走过。"她笑了。

反思

她的经历让我感觉到随班就读工作开展需要形成一个体系,大环境的转变需要科学、有效地投入,也需要给大家接纳融合的机会和时间。随班就读教研组成立了,教师们、校领导也都非常重视这项工作,生态服务体系也逐渐形成,我寻求合力及不断进行沟通的工作思路得到了印证。

我可以这样说,她完全是我们学校教育理念转变、教育环境创设过程中的体验者,也是我校心理工作从稚嫩走向正规的见证者。她只是一个代表,而我们还要继续努力让更多的孩子自信、健康、快乐地成长。希望以后我们学校多维成功教育能够更加系统科学,帮助更多的孩子成功,因为这也是学校教育能力的一种体现。

(北京中法实验学校 李英)

一片树叶的约定

遇见小鹿（化名）是在特教中心组织的督导培训课上，他是我的陪读对象，目前就读小学二年级，因为在班上无法安静就坐、随意下课堂等行为问题来到特教班训练。

初次见他，他瞪着圆圆的大眼睛，认真将我打量了一下，快速喊了一句"老师好！"就立刻跑开了。他在教室里一圈一圈地跑着跳着，不时地偷瞄我一眼，督导老师说他这是兴奋的，而此时的我心里却暗暗打起了鼓，这个下午怕是不好过了。

上课了，他还是有点兴奋，总想起身离开座位，在督导老师的帮助下，我利用他的食品强化物手忙脚乱地完成了第一节课，跟他稍微熟悉了一点。下课后，他开始尝试跟我说话，他趴在窗台上，望着外面说："老师，现在还有叶子吗？"我说："有呀！"我见他对树叶有兴趣，就连忙指着窗台下面的万年青说："你看那里就有叶子呀！"他看到叶子，很认真地观察起来："老师，我是嫩绿的叶子吗？"

"是呀！"我有点诧异，这是个特殊孩子吗？

"老师，那你是嫩叶子吗？"他接着问道。

"我不是嫩叶子，我是比你大一点的叶子。"

"那你是老叶子吗？"

"嗯嗯，对呀，老师比你老。"我故意有点沮丧地说道。

他认真看了看我，突然说："老师，你是比我大的嫩叶子。"

"老师，老了的叶子去哪了呢？"他又问道。

"他们就从树枝上落下来，融到泥土里，变成肥料了。"我细声说道，心里暗暗着急，不知该怎么给他解释生命的消失。

还没等我想到合适的词语，他张口说："那大树是不是就会长出更多的嫩叶子呢？"

我愣了一下，突然很感动，孩子的内心居然这么美好纯净，充满着希望。

这个下午的课间，他都拉着我聊树叶，他非常喜欢把自己比作嫩叶子。我看他特别喜欢树叶，就和他约定课后帮他摘一片树叶，他高兴坏了，后面的课堂果然比之前好了许多。放学后，我也按照约定出去摘了一片叶子给他。

再次见到他是在一个月之后，我们的第二次实地督导。去之前，我突然想起上次的经历，提前摘了他最喜欢的嫩绿色的叶子放进包里。上课前，督导老师说，食物对小鹿已经没有强化作用了，需要寻找新的强化物才行。我想了一下，把叶子拿了出来，跟老师说："用树叶试试吧，他上次很喜欢。"

进班后,他有点害羞,趴在座位上不看我。我就把树叶拿出来,放到他眼前,他眼睛一下亮了起来。我趁机跟他约定,如果课堂记录表的一行格子,他都获得"√",就可以获得一个星星;获得两个星星,可以课间玩两分钟树叶;如果下午课程结束后,他可以获得六个星星,我可以送他一片树叶;如果获得八个星星,就把两片树叶都送给他。他特别兴奋,郑重地点了点头。整个下午,他特别认真听讲,身体坐得笔直,手也规规矩矩地放好,还很主动回答问题,每次回答后,都立刻看向记录表,确认我有给他记录"√"。我看强化物有效,也严格按照督导老师设计的策略进行记录、提示。下午课程结束后,他持续安静坐好的时间从 50 秒提高到了 1 分 40 秒,获得了六个星星,我按照约定郑重地把最鲜嫩的小叶子放到他的手中。督导老师们看到这个结果也很兴奋,她们告诉我这是这个孩子目前最好的成绩。

一片不起眼的小树叶,对于这个孩子竟然有如此大的吸引力,可以引发那么多有趣味的对话,可以推演那么深沉的人生历程,可以改善他长久以来的行为问题。这个关于树叶的约定是如此之轻,轻到仅仅托付于一片不足一克的树叶;却又是如此之重,饱含了一颗纯净的心灵最浓烈的期盼和信任。那是最后一次见到小鹿,两个下午,我只是延长了他安静坐好的时间,他却让我学会用更纯净、更美好的角度去看待世界。

(北大附中香山学校　褚祯)

佳佳成长记

尴尬的巧遇

刚刚开学,我去洗手间上厕所。楼道里安安静静的,偶尔透过关着的门,隐约传来朗朗的读书声和声情并茂的讲课声。我穿过走廊走入洗手间,刚刚拉开门,外面就跑进来一个身穿粉红上衣、佩戴红领巾的女生,她进来后眼睛扫到我手中的卫生纸,就马上冲上来伸手想把它拽出来,我下意识往旁边一闪,同时问道:"你做什么?"女孩稍抬了下头又看向旁边,口齿不清地说:"@#￥%88……"我完全没有听明白,就在我发愣的时候,她用力拽走了我手中的纸,走入隔间拉上挡板门。我惊讶又无奈,不得不返回办公室,路上我一边走一边回忆,没听清的话好像是"拉㞎㞎,因为没带纸所以要抢……"我不禁又好气又好笑,这个孩子怎么想要纸就用抢呢?我隐约觉得她不太寻常,回到办公室与同事们一聊,才知道她就是初一的智力残疾学生佳佳(化名)。

在熟知中接纳

第一次进班,我坐在佳佳旁边一起听课,她对我没有明显反应,而且目光很陌生,显然已经不记得曾遇到过我。后来逐渐熟悉,我一进入班里,佳佳会主动过来,接过我手中的椅子放到她旁边。有时看到我手中的笔和她的不一样,会一把抢过去,新奇地摆弄几下,并且塞她自己的笔在我手中,新鲜劲儿过了之后再还回来。有时,她忍不住会抱抱我,或者拍拍我的肩膀。我觉得佳佳是通过这种行为,建立与别人的亲密友好关系,从而获得关注和关爱。

慢慢地,我发现佳佳其实是个既善良又热情的孩子,比如每次上课铃响她都主动去关教室门,还有擦黑板和帮老师发作业。她的问题行为中,很多也是能力不足或缺陷所致。比如抢别人东西,她其实没有恶意,从本性来说也没有不尊重别人,但是由于注意力狭窄,她需要什么东西就只注意到这个物品,没有注意到相关的持有者或者主人,延迟等待能力也有欠缺,所以会直接上来拿走物品,引起别人的不适应。又比如抱人,是因为她存在人际交往缺陷,不知道怎么用合适的方式表达亲近,可能也不懂得或者不擅长用打招呼这种方法,本能上采取了身体接触,也引起别人的不适应。佳佳的许多问题行为不是故意给老师和同学制造麻烦，而是由于自身能力缺陷导致的，明确了这些，那么我们针对孩子就要采取更为理解和包容的态度，合适地选取各种方法策略训练佳佳所缺失的能力。

科学方法促改善

佳佳的问题行为比较多，比如说话快，口齿不清，说脏话，随意抱人，上课出怪声（大声笑、说话或啧啧有声），用东西不知道要征求主人同意，交流时没有对视等。针对她的情况，我第一步选取了上课出怪声这一最影响她融入课堂的行为做了干预，巧用行为分析策略帮助佳佳改善这个问题行为。

借助应用行为分析方法，我进行了前期调查，发现佳佳喜欢吃威化饼干和打篮球，那么我就以此为强化物和她作了约定，如果在一段时间内上课保持安静就有饼干吃，如果出怪声就没有，并且做了行为导图贴在旁边的墙上。前几次上课辅助，课堂中有时佳佳会忍不住哈哈大笑，我会阻止并提醒她这样不好。大部分时候她会安静，少数时候不听指令，我会指一指行为导图来提示她或者在记录本上打叉，佳佳会安静但情绪低落，不过马上安静听讲后，我会及时给她正向的鼓励，佳佳情绪又会变好。如果佳佳在上课规定的时间内安静地坐在座位上，我就会给佳佳打一个勾并竖起大拇指，佳佳就会很开心。

后期，为了进一步达到佳佳能够安静听讲的目的，我们把干预程序做得更详细了，选取了区别性强化其他行为（DRO）、区别性强化替代行为（DRA）和削弱的干预策略，以基线期程序测得的三分钟为起始时间，纸笔记录一节课内出怪声的次数。具体操作是上课佳佳出怪声时，我手势或言语提示表示制止，并且在记录纸上打叉；当佳佳积极参与课堂行为时，及时打对号或手势鼓励，并提醒授课老师及时表扬她。通过标准是三分钟内无问题行为发生得到一个对号，连续得到三个对号后标准延长半分钟，依此类推；如果出现问题行为打叉并重新计时，连续两个叉，退回到上一个时长；期间有主动记笔记行为直接奖励一个对号。兑换方法是连续三个勾换一张彩纸或一块威化饼干。后期我们希望强化物能逐渐撤出，在自然情景下佳佳依然能保持上课安静的好行为。

成长的喜悦

佳佳逐渐适应了课堂辅助，并且特别希望我们资源老师过去帮助她。通过一个学期的干预，佳佳上课出怪声次数有明显下降，从原来的一节课平均 13 次，下降到平均 4 次，持续时间最长的一次为 25 分钟无问题行为，同时在老师的辅助下记笔记和完成学习任务的好行为增多。

在资源老师们的辅助、班主任和班里同学的关心和帮助下，佳佳不仅在上课纪律方面进步了，其他问题也有很大好转：任课老师说孩子上课参与课堂的次数更多了，同学们说佳佳下课很少说脏话和抱人了，家长说孩子脸上的笑容多了……

孩子的改变是学校这个团体共同的努力，我很高兴作为一分子，在佳佳的积极改变上尽了自己一份力量。与佳佳同行，与特殊孩子同行，也与爱同行，我会一直努力！

（北京市清河中学　郝彦婕）

寓教于乐　育爱于心
—— 政治课里的融合教育

初一的第一堂政治课，当我以满面笑容和新颖有趣的课堂导入展开第一节课的时候，小羽（化名）高高地举起手："老师，我知道！"按照课堂常规，我不能拒绝任何一位学生的课堂发言，小羽见我应允，开心地跳上讲台，口若悬河、不知所云……在礼貌而谨慎地打断数次无效之后，我意识到这可能是一位不太一样的学生。

在接下来的日子里，小羽渐渐喜欢上这个班级的每一位同学，走近每一位任课老师。当同学课上回答问题卡壳时，小羽迅速站起来替他们演讲；当同学作业完成不及时时，小羽站在他们桌前不停催促；当同学课间打闹时，小羽大喊安静……她会突然抱住漂亮优雅的女老师；会去办公室找她想说话的任何一位老师；如果老师不在她会立刻坐在地上一边自言自语一边等待；她会"视察"图书馆、食堂、校医室等她不经常去的地方……

开学不久，为了小羽的健康成长，学校和年级就已经数次开会，一方面做同学们的工作，一方面也对老师提出更高的要求。

我却面临着新的困难：小羽经常扰乱我的课堂秩序，每有问题必举手、每逢发言必跑题的她，让我着实头疼。我既不能为她一个人耽误正常的教学，我更不能为了所谓的进度和秩序而忽略一个孩子充满希望的心。多次找她谈，她答应只有自己真正会的题目才举手，不乱发言，但是马上她又会忘记。上课拒绝提问她，她会生气甚至哭鼻子。

我请教了学校心理老师和在融合教育方面经验丰富的老教师，在了解小羽基本情况的基础上，我不再一味压制她的行为，转而给她创造机会，让她积极表现。做好的立即表扬，做得不理想的地方我做同学们的工作，帮她争取同学们的理解。

小羽喜欢在同学面前展现自己，我就鼓励她上课带头遵守课堂纪律，她会做出很努力听讲的样子，我几乎每节课都会对她的专心听讲提出表扬。同学不服气，说小羽是装的，她什么都学不会，我就把最简单的问题留给她，请她在课上回答，同学们发现小羽没有大家想的那样糟糕，课上的问题她也能说上几句。渐渐地，有几位好心的女同学会在小羽不会回答时悄悄给她一点提示。有一次课后作业是小组合作做一份 PPT 演示稿，下节课由小组代表向同学介绍保护生命的安全常识。小羽在其中一个小组，她配合了小组任务之后，一个人花费很长时间悄悄地做了一份PPT，当所有小组汇报完毕之后，她忽然举手说："老师，我自己做了一个新作业，能不能给我们组加点分？"我犹豫了：事先没有拟定加分规则，而且小羽很难达到可以加分的程度，我要拒绝她吗？没想到，全班同学一致希望我把知识梳理放在下节课，这节课把剩余的时间交给小羽……那一次，小羽用她没有条理的语言、粗糙简单的PPT向同学展示了她的努力成果，同学们为她鼓掌，请求老师给小羽小组加分。那一次，小羽仰着头欢笑的样子，成为我心里美好而深刻的回忆。

小羽乐于跟老师亲近，我就叫她协助课代表服务同学。上政治课，课堂活动较多，课代表忙于课前课后的材料准备，小羽见我允许她帮忙，兴冲冲地跟在课代表身后，不管什么活她都抢着做。课代表是个善良的女孩子，不好拒绝小羽，却又因为小羽会把事情搞砸而烦恼不已。又恰巧我开学初不慎摔伤，行动不便，于是我帮她们分工，小羽负责到办公室接送老师，帮老师拿教案教参等物品，课代表负责给同学发放学习资料。这样，小羽从需要服务全班三十名同学变成服务老师一个人，任务简单了，在她做不好的时候有老师及时提醒了，也满足了她想经常找老师玩的小愿望。课代表也因为小羽无私地帮助她，更加愿意照顾小羽，她们之间的关系有所改善。我发现，小羽经过长时间练习完全可以做好一些简单的事情。于是我在班上表扬了小羽的善良和乐于助人,同学们也由开学初的不理解到渐渐喜欢小羽、保护小羽。

这一学期,我最欣喜的事情有两件,一件是小羽在这个班里越来越好,另一件是这个班级另一位随班就读学生开始了向小羽学习的过程。作为老师,我也愿意尽自己的力量,给她们不一样的人生提供一点不太一样的亮光。

(北京中法实验学校　野景岩)

用心融化寒冰，用爱温暖心田

新生还没到校，校领导就已告知了毅儿（化名）的基本情况。毅儿出生时脐带绕颈造成肢体二级残疾，是一名超龄的随班就读学生，比同班的其他小朋友都大一岁。听说毅儿到了入学的年龄，哭闹着不肯上学，父母用尽了所有的办法还是执拗不过他，所以才迟了一年入学。

新生入校那天，我第一次见到毅儿。他是一位漂亮的小男孩，浓黑的眉毛，大大的眼睛，笑起来还有两个小酒窝，看着就招人喜欢。但看到他蹒跚走路的姿势，就如同刚刚学步的幼儿，随时都有可能跌倒需要人帮忙扶一把，着实又让人心疼。

开学没几天，我发现毅儿是一个不同寻常的孩子：坐在座位上从来都没有老实过，屁股上像长了刺一样扭来扭去；眼睛东张西望，像是在寻找丢失的东西；手也不闲着，总是把桌子的两条腿搬离地面；嘴巴还会发出各种声音，课上只要来了兴趣就会发出嗷嗷的叫声，即使提醒他也无济于事，依然我行我素，根本不理我的茬。记得有次课间我刚出教室门，他便学起了狗叫，学得是那样的逼真，刚好路过教室的一位老师误以为是哪个同学带了一只小狗呢。诸如此类的事还有很多很多，让人啼笑皆非。他在班里不愿意和同学们交流，同学们也都离他远远的，所以他没有自己的玩伴，显得很孤单。

巴特曾说："教师的爱是滴滴甘露，即使枯萎的心灵也能苏醒；教师的爱是融融春风，即使冰冻了的感情也会消融。"苏霍姆林斯基也曾说："没有爱就没有教育。"是啊，面对毅儿这样特殊的孩子，我应该用爱去感化他，温暖他。

课下，我找毅儿聊天，可是他对我的关爱并不理睬，依旧沉浸在自己的世界里。课上，我尽量发现他的闪光点，想用引导性的语言激励他进步，只要他在班里安静地坐着不闹腾，我就适时表扬他："毅儿真棒，比以前进步了，能专心听讲了，如果能积极回答问题那就更好了。"似乎毅儿对我诸如此类鼓励引导的话也并不感兴趣，坚持不了多久，又开始了他的各种折腾。

面对毅儿这样软硬不吃的孩子，我真的快束手无策了，无奈之余我搬来了毅儿家长这位救兵。通过和他妈妈聊天，我知道了毅儿的自卑心很重，之所以晚了一年上学是因为他怕别人看到自己走路的姿势而嘲笑他。毅儿在家也基本不出门，喜欢和妈妈一起玩捉迷藏，用磁力片摆各种模型、拼图等。听了他妈妈的话，我很惊喜——找到了和毅儿亲近的突破口。

我在网上买了很多磁力片拿到学校，规定只有课间可以拿出来玩，但必须两人一组合作设计摆模型，这样毅儿就有了玩伴，我还抽出时间组织学生分组在规定的区域内玩捉迷藏。同学们玩得很开心，毅儿也玩得不亦乐乎，他的话也渐渐多了起来，经常和同学们一起聊天说笑。与此同时，毅儿的课堂纪律也有了明显的变化，虽然偶尔也会折腾，但当我把目光投向他时，他会有意识地管住自己。课上虽说不是那么自信，但也能偶尔举手发言。毅儿各方面都在向好的方面发展，看到了毅儿的变化，我的心里真有说不出的喜悦。

作为教育工作者，只要我们用心去爱，相信随班就读学生心里的寒冰就会被融化，随班就读学生的明天就会更美好。

（海淀区翠湖小学　宋会玲）

陪伴和辅导她的日子

那是一个冬天快要结束的时节,她被叫到我的办公室。第一次见她,略胖的身材,黝黑的皮肤,说话铿锵有力,其他人乍一看还以为是个男生,可是仔细看,就能感觉到她骨子里透着温柔、正义和善良。

一个午自习时间,我和她聊天。从对话中我了解到,她学习成绩不好,在班级是倒数几名。为了先和她拉近关系,我就从辅导她功课开始。由于我原来是数学老师,加上英语也不错,就辅导她这两个科目。那时她上初一下学期,以后几乎她有空时就来我这坐坐。

熟悉了几次,她开始对我袒露她的小学经历。她小学不只被同学排挤,被认为是小偷,还被老师虐待,她谈到那段历史时,表情和话语里透着怨恨。我和她约好了某一天中午进行催眠治疗。我根据她的心情提前选好了音乐,她如约前来了,过程很顺利,她完成催眠治疗后,人轻松了很多,感觉前途是光明的,我为此感到高兴。

自此以后,她快乐了些许。我和她说,我要成立一个随班就读学生活动小组,欢迎她也加入,她答应了。有个和她总在一起的小女孩有些智力落后,也在我们随班就读小组里。

在第一次活动中,我先对她们做了心理健康状况测评,结果很让人担心。由于她们与常人不同,多数都有心理阴影,有的甚至想到了死亡。因此,我安排的活动内容是丰富多彩的,有投射测试、绘画治疗、心理效应讲解、催眠治疗、认知疗法、沙盘疗法和团体治疗等方法。随班就读小组有了她们的加入,气氛活跃了很多,每次活动都很成功,她们也快乐了很多。

随着时间的推移,我和她越来越熟悉了。偶尔周末,我们一起看电影,探讨观后心得。有一次她和我一起买自行车,由于是一辆车,我们就一起步行回来,在回来的路上,我们聊了很多,她也渐渐走出了阴影。得知学校食堂改造,学生都在外面吃饭,自此,每天中午我就在教师食堂打好饭,等她和那个一起的女生一块吃,持续了有一年的时间。

我逐渐发现那个和她一起的女生,说话还是不利落,正好学校领导批准那个女生可以不用上课,于是我就利用上课时间辅导她说话、数数,我们做手工、画画,她也渐渐学会了说话,自信了起来。

元旦到了,她送了我礼物,这是我人生中收到的第一份礼物,是 25 颗有 Hello Kitty 图案的巧克力。她说是她亲自跑到市区自己动手制作的，上面写着祝老师身体健康，我打内心里感到高兴。

这就是我和她的故事。转眼都有两年的时间了，她在我的辅导和陪伴下心理越来越阳光，也走出了阴影，英语成绩有了提高。但是她说她不想读高中了，想毕业去学个技术。我没有反对，行行出状元，我祝福她以后一切顺利。

（北京中法实验学校　关博宁）

我和初一新生霍元的音乐故事

每次给初一新生上第一堂课，我们都会进行自我介绍，说说小学的音乐课都学了什么、自己的爱好是什么、最喜欢谁的歌曲、最喜欢哪部电影的音乐等等，大家畅所欲言。这次，我遇到了一个叫霍元（化名）的学生，在上课的时候，他会不受控制地说话和唱歌，我当时很奇怪，私下了解到他有轻微的狂躁症。我问他："霍元，你最喜欢做什么？""唱歌！我最喜欢唱歌！"我不假思索对着大家说："以后你就是我的音乐课代表。"当时，教室里鸦雀无声。课下，我查了一些关于"狂躁症"的症状和治疗，我为霍元找了一个小老师，和他一起完成课代表工作，同时协助我一起来帮助他。我给了他一个特殊照顾，如果在课上他控制不住自己，举手后可以唱歌，但是要求其他同学不准笑话他。开始的时候，有几个同学控制不住会取笑他（但是我没有批评和指责他们，只是用眼神告诉他们不要笑）。霍元最喜欢唱的歌是《超越梦想》，我就专门让同学们一起欣赏这首歌，目的是让大家一起体会歌曲的内涵、感受霍元的内心世界。同学们热情很高，非要我教他们学习演唱这首歌曲……到后来霍元演唱的时候，我们都感动得哭了。经过一个学期，在我和班主任的共同努力下，霍元变得基本可以自控，特别懂事。周围的同学也都很照顾和爱护他，特别是在这次的运动会上，霍元夺得了男子100米的冠军。

由此看来，一首好歌、一支好曲子往往可以直接触动学生的心弦，引起他们情感上的共鸣、心灵上的净化、精神上的振奋、意志上的激励、道德上的升华，并时时陶冶他们的情操。

教师的力量可以很小，小到对孩子一生可能产生不了任何影响。我们和孩子的生命虽然有数年的交集，但是若干年后孩子长大，内心里可以没有一点我们的痕迹。教师的力量也可以很大，大到孩子在探索世界的过程中，我们是他们的引路人；大到孩子在最关键的时候，依靠我们的一臂之力改变人生；甚至当一个孩子被社会抛弃的时候，我们接管过来，成为他唯一的依靠与希望。有爱就有教育，教育具有改变人生的力量，教师的影响力具有促进生命生长的力量。

（北京理工大学附属中学　高翔）

后 记

整本书的完成离不开很多人的支持与帮助，从征稿活动开始，我们就收到区内很多中小学教师的投稿，一时间邮箱爆满，对于这份热情我们深表感谢。最终我们筛选了 61 篇各校教师的征文，分别来自首都师范大学附属中学第一分校、北京石油学院附属实验小学、海淀区翠湖小学、海淀区台头小学、海淀区八里庄小学、北京理工大学附属中学、海淀区五一小学、海淀区枫丹实验小学、中国农业科学院附属小学、北京市清河中学、清华大学附属中学永丰学校、北京中法实验学校、海淀区西苑小学、中国科学院附属玉泉小学、北大附中香山学校、北京市第十九中学、北京邮电大学附属小学、首都师范大学实验小学、中国农业大学附属中学、北方交通大学附属小学、海淀区前进小学、海淀区永泰小学、北京外国语大学附属中学、海淀区万泉小学、海淀区清河第四小学、海淀区中关村第三小学、首都师范大学附属小学、北方交通大学附属中学第二分校、海淀区第四实验小学、北京市八一学校附属玉泉中学、海淀区教师进修实验学校、海淀区清河学区管理中心、海淀区羊坊店学区管理中心等30余个单位。感谢这些教师的经验分享，因为他们的积极参与，才有《教学相长：特殊教育需要学生与教师的故事》的出版。

海淀区融合教育实践的探索，离不开众多专家与前辈的指导，也离不开各学区学校全体师生与家长的支持与肯定。海淀区能有今天的案例经验，要感谢中国教育科学研究院华国栋研究员、杨希洁副研究员，北京师范大学肖非教授、王雁教授、邓猛教授，北京联合大学许家成教授，北京市特殊教育中心主任滕祥东、常务副主任孙颖等专家的悉心指导，要感谢宋晓华、叶立言、于文等著名校长的不吝赐教，还要感谢海淀区各学区管理中心、各中小学幼儿园教师与家长的工作支持！最后，最值得感谢的是我们的学生。正是这些纯真的孩子们，教会了教师们什么是融合教育；正是这些不同寻常的学生，让教师们学会反思，是他们促进了教师的专业发展，让教师在融合教育道路上磨炼得越来越出色。